Chico Sesma
LATIN HOLIDAY

latin jazz

The Perfect Combination / La Combinación Perfecta

by / por Raúl Fernández

foreword / prólogo Andy González
preface / prefacio Robert Farris Thompson
afterword / epílogo Al McKibbon

CHRONICLE BOOK
SAN FRANCISCO

In association with the Smithsonian Institution Traveling Exhibition Service, Washington, D. C.

cover: The beat of the congas is central to much of Latin jazz.

portada: El toque de las congas es fundamental para gran parte del jazz latino.

page 1: The Hollywood Palladium was a hotspot for Latin music in the 1950s and 1960s.

pagina 1: El Hollywood Palladium fue un centro nocturno muy popular para la música latina en los años cincuenta y sesenta.

page 2: Mongo Santamaría was known for the steady rhythm and full tones of his conga playing.

pagina 2: Mongo Santamaría tenía fama por el ritmo firme y un sonido sólido en su ejecución de las congas.

below: A conga drum on stage at the Lighthouse Club, Phoenix, Arizona, 1956.

abajo: Una tumbadora en el escenario del Lighthouse Club, Phoenix, Arizona, 1956.

page 6: Mongo Santamaría, Machito, Miguelito Valdés, René Bloch, Francisco Aguabella, Chino Pozo, Graciela, René Touzet, Willie Bobo, and friends, 1950s.

pagina 6: Mongo Santamaría, Machito, Miguelito Valdés, René Bloch, Francisco Aguabella, Chino Pozo, Graciela, René Touzet, Willie Bobo y amigos, años cincuenta.

Published by Chronicle Books LLC on the occasion of an exhibition organized by the Smithsonian Institution Traveling Exhibition Service as part of America's Jazz Heritage, a Partnership of the Lila Wallace-Reader's Digest Fund and the Smithsonian Institution.

Pages 135–137 constitute a continuation of the copyright page.

Library of Congress Cataloging-in-Publication Data:

Fernandez, Raul A., 1945–
Latin jazz : the perfect combination = la combinación perfecta / by Raúl Fernández ; foreword by Andy Gonzalez ; preface by Robert Farris Thompson ; afterword by Al McKibbon.
p. cm.
Parallel English and Spanish texts.
Includes index.
ISBN 0-8118-3608-8
1. Latin jazz—History and criticism. I. Title.
ML3506 .F46 2002
781.65'7—dc21
2002067229

Smithsonian

Edited by Elizabeth Goldson Nicholson and Nancy Eickel
Translated by Liliana Valenzuela
Designed by Vivien Sung
Typeset in Belizio, Knockout, Zapata, and Farao.
Manufactured in China.

Distributed in Canada by Raincoast Books
9050 Shaughnessy Street
Vancouver, BC V6P 6E5

10 9 8 7 6 5 4 3 2 1

Chronicle Books LLC
85 Second Street
San Francisco, California 94105

www.chroniclebooks.com

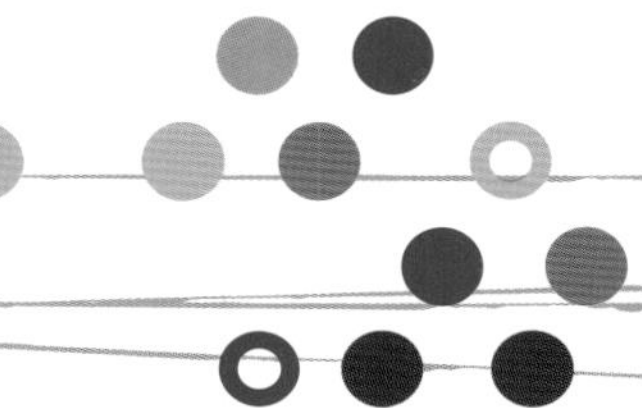

DEDICATION

Latin jazz is life. It comes from blending African, European, Caribbean, North American, and Latin American musical elements into something new: a fully integrated musical form with compelling rhythms, bold melodies, and boundless energy. Drawn largely from Afro-Caribbean dance traditions and American jazz and nurtured in varied environments of collaboration and innovation, it represents the best of what happens when people and cultures come together in new places. Latin jazz is American, it is music of the Americas, it is world music.

Read about it, and it opens doors to our diverse past. Listen to it, and you can't help but move to the music.

America's Jazz Heritage, which is a partnership of the Lila Wallace-Reader's Digest Fund and the Smithsonian Institution, and the Smithsonian Institution Traveling Exhibition Service, are proud to present this book and the first major traveling exhibition in celebration of this important musical art form.

Lawrence Small
Secretary of the Smithsonian Institution

DEDICATORIA

El jazz latino es vida. Es el resultado de la mezcla de elementos musicales africanos, europeos, caribeños, norteamericanos y latinoamericanos para formar algo nuevo: una forma musical completamente integrada con ritmos cautivadores, melodías audaces y una energía inagotable. Derivada mayormente de las tradiciones de baile afrocaribeñas y el jazz estadounidense y nutrido en diversos ambientes de colaboración e innovación, representa lo mejor de lo que sucede cuando la gente y las culturas convergen en lugares nuevos. El jazz latino es estadounidense, es música del continente americano, es música del mundo.

Lea acerca de él, y le abrirá puertas a nuestro pasado multiforme. Escúchelo, y no podrá resistir moverse al compás.

El Patrimonio del Jazz Estadounidense, que es una asociación de la Institución Smithsonian y el Lila Wallace-Reader's Digest Fund, y el Servicio de Exhibiciones Itinerantes de la Institución Smithsonian, se enorgullecen en presentar este libro y la primera exhibición itinerante de importancia en celebración de esta importante forma de arte musical.

Lawrence Small
Secretario de la Institución Smithsonian

CONTENTS / CONTENIDO

FOREWORD **Andy González**

Latin jazz is a very extensive subject to explore. I have played it, studied it, read about its history, its roots in the past, the lives of its great performers. I have lived with Latin jazz my whole life.

Latin jazz emerged in New York City when Afro-Cuban rhythms mixed with bebop in the 1940s. There were antecedents, although they were not pure Latin jazz. Of course, you cannot really speak of Latin jazz being "pure" because it is a hybrid of two musical cultures. To me the story of Latin jazz is like a chapter in a family history. Once upon a time there were two cousins who had an African grandmother. One cousin moved to the United States where, while retaining some aspects of his African ancestors, he was influenced by the forces that shaped American society. The second cousin also moved away, to the Caribbean, where he retained stronger ties to his African roots. After many years the two cousins reunited in New York City, and they began to bring back together their two musical worlds.

Born from two other genres, Latin jazz became something entirely distinct and different. It evolved beyond just mixing Afro-Cuban rhythms with jazz phrasing and soloing. It may have started that way, but it has gone far deeper. Latin jazz is about developing a jazz sensibility about the music, its structure, its swing, which implies that the musicians can spontaneously engage in a musical conversation with each other at a very high level.

Latin jazz possesses a level of energy unlike any other music I know. There is something about its rhythm that makes audiences become very intensely involved. Latin jazz rhythms move the music in a way that energizes and loosens up audiences. That is because the rhythms of Latin jazz have the power that dance music has . . . they contain the essence of dance. Dancers sometimes inspire a band to play in a particular manner, and sometimes our playing inspires the dancers to move in a certain way. The energy that passes between the performers and the audience is vital to Latin jazz. It's a two-way exchange that expands the total energy involved.

opposite: Machito and his sister Graciela Grillo, Glen Island Casino, New York, 1947.

opuesta: Machito y su hermana Graciela Grillo, Glen Island Casino, Nueva York, 1947.

PRÓLOGO **Andy González**

El jazz latino es un tema muy amplio que explorar. Lo he tocado, lo he estudiado, he leído su historia, sus raíces en el pasado, las vidas de sus grandes intérpretes. He vivido el jazz latino toda mi vida.

El jazz latino surgió en la ciudad de Nueva York cuando los ritmos afrocubanos se mezclaron con el *bebop* de los años cuarenta. Hubo antecedentes, aunque no todos ellos eran jazz latino puro. Por supuesto, no se puede hablar realmente de si el jazz latino es o no "puro", ya que es un híbrido de dos culturas musicales. A mi parecer, la historia del jazz latino es como un capítulo de la historia de una familia. Había una vez dos primos que tenían una abuela africana. Un primo se trasladó a los Estados Unidos donde, mientras conservó algunos aspectos de sus antepasados africanos, fue influenciado por las corrientes que formaron a la sociedad estadounidense. El segundo primo se mudó al Caribe, donde conservó unos lazos más fuertes con sus raíces africanas. Después de muchos años los dos primos se reencontraron en la ciudad de Nueva York y empezaron de nuevo a juntar sus dos mundos musicales.

Nacido de otros dos géneros, el jazz latino se volvió algo completamente distinto y diferente. Evolucionó más allá de sólo mezclar los ritmos afrocubanos con el fraseo y los solos del jazz. Es posible que haya empezado de esa manera, pero ha profundizado mucho más. El jazz latino tiene que ver con desarrollar una sensibilidad de jazz hacia la música, su estructura, su *swing,* lo que implica que los músicos puedan conversar espontáneamente entre ellos a un nivel muy elevado.

El jazz latino posee un nivel de energía como ningún otro tipo de música que conozca. Su ritmo tiene algo que hace que el público participe intensamente. Los ritmos del jazz latino mueven la música de una manera que da energía y relaja al público. Eso se debe a que los ritmos del jazz latino tienen el mismo poder que la música de baile . . . contienen la esencia del baile. Los bailadores a veces inspiran al grupo a tocar de una manera en particular, y a veces la manera en que tocamos inspira a los bailadores a moverse de cierta manera. La energía que fluye entre los músicos y el público es vital para el jazz latino. Es un intercambio mutuo que aumenta la energía total.

PREFACE Robert Farris Thompson

Latin and jazz were bound to connect. Both flow in even tempi; both are improvisational; both are black-invented musics arising in key cities such as New Orleans, Havana, and New York. Today, Latin jazz is one of the strongest musics of the planet. Still and all, what is Latin jazz? This book will tell you. It gives you key persons, key places, and key moments, arranged and explained.

Cuban, Mexican, and Puerto Rican connections were crucial in the early years of Latin jazz, but the strongest link was forged by a single black Cuban conga drummer named Chano Pozo, a one-man anthology of traditions. Pozo could play, sing, and dance *rumba columbia, rumba yambú, rumba guaguancó, danzón, abakuá, lucumí,* and *palo* (creolized Kongo). When he came to the States in the late 1940s, he gave us a crash course in creative blackness.

Pozo brought to New York coded references to the Kongo shrines of black Cuba. Take "Blen, Blen, Blen." This 1940s Pozo composition syllabically underscores the importance of the clave beat in Latin jazz and mambo—1, 2, 3 – 1, 2 (blen, blen, blen, blen-blen)—but it was also one of the first New York dance tunes to talk openly about powerful animate medicines *(ngangas)* tended by priests *(paleros)* of the Kongo-Cuban religion. "Blen, Blen, Blen" was mambo within mambo. The songs by which *paleros* called spirits—the songs that told the spirits what the *palero*'s problems were—were also called mambos. The creolized Ki-Kongo for "conversations" or "arguments" was the source word for the world-famous dance.

I admire the way this book shows how *congueros* like Francisco Aguabella and John Santos are intellectuals. They are guardians of the tradition, not just performers. In fact, some of the strongest minds in Latin jazz are conga drummers, among them Cándido Camero and Mongo Santamaría, as well as Aguabella and Santos.

This book reveals their amazing polymusicality, too. *Conguero* Patato Valdés learned to play rumbas using wooden boxes, picked up *tres* guitar from his father, and even mastered

PREFACIO Robert Farris Thompson

La música latina y el jazz estaban destinados a enlazarse. Ambos fluyen en tempos acompasados; ambos improvisan; ambos son músicas de invención negra que surgen en ciudades importantes tales como Nueva Orléans, La Habana y Nueva York. Hoy en día, el jazz latino es una de las músicas más poderosas del planeta. Así y todo, ¿qué es el jazz latino? Este libro se lo dirá. Le dará personajes clave, lugares clave y momentos clave, organizados y explicados.

Las conexiones cubanas, mexicanas y puertorriqueñas fueron cruciales en los albores del jazz latino, pero el eslabón más fuerte fue forjado por un sólo tumbador cubano negro llamado Chano Pozo, un compendio unipersonal de tradiciones. Pozo podía tocar, cantar y bailar rumba columbia, rumba yambú, rumba guaguancó, danzón, abakuá, lucumí y palo (congo criollo). Cuando llegó a los Estados Unidos a fines de los años cuarenta, nos dio un curso intensivo de negritud creadora.

Pozo trajo a Nueva York referencias cifradas a los *santuarios* congos de la Cuba negra. Es el caso de "Blen, Blen, Blen". Esta composición de Pozo de fines de los años cuarenta subraya silábicamente la importancia del compás de la clave en el jazz latino y el mambo –1, 2, 3 – 1, 2 (blen, blen, blen, blen-blen)—pero es también una de las primeras melodías de baile neoyorquinas *en hablar* abiertamente de las potentes medicinas vivificantes (ngangas) atendidas por los sacerdotes (paleros) de la religión congo-cubana. "Blen, Blen, Blen" era el mambo dentro del mambo. Las canciones con las que los paleros llamaban los espíritus –las canciones que comunicaban a los espíritus cuáles eran los problemas del palero—también se llamaban mambos. La palabra kikongo criolla para "conversaciones" o "argumentos" fue la palabra origen del baile famoso mundialmente.

Admiro la manera en que este libro muestra cómo tumbadores como Francisco Aguabella y John Santos son intelectuales. Son protectores de la tradición, no sólo intérpretes. De hecho,

left: Mambo mania swept the United States in the 1950s.

izquierda: La manía por el mambo arrasó los Estados Unidos en los años cincuenta.

the black Cuban version of the African lamellophone (the so-called thumb piano), the *marímbula*. Similarly, Aguabella grew up in Cuba, learning Abakuá beats from Calabar, Arará beats from Dahomey, and *batá,* the sacred drums of the Yoruba thunder god.

All the great names and their accomplishments are here: Eddie Palmieri, Charlie Palmieri, Chucho Valdés, Paquito D'Rivera, Arturo Sandoval. We also meet Poncho Sánchez in Los Angeles in 2000, Giovanni Hidalgo of Batacumbele in Puerto Rico in the mid-1980s, and the incredible Fort Apache Band in New York, led by brothers Jerry and Andy González. Women emerge: Rebeca Mauleón, Jane Bunnett, and most memorably, Graciela.

Be careful how you enter Latin jazz. It could change your life. In this world, metaphors become truth. What Martín Espada, in an ode to Mongo Santamaría, poetically described—

rumbling incantation
in the astonished dancehall
of a city in winter

—happened to me in the New York Palladium in the winter of 1955. During a break that night, a young black *conguero* suddenly seized the drum on the bandstand. He chanted out, "Aguacero de mayo!" (rain shower in May)—then he vanished. It took me years to understand. Behind Latin jazz lies original mambo, where one chants to the *nganga* about one of its medicines, water collected from the first shower in May. This is water from God, amuletic, protective. Like a *habenara* bass line, this old *palo* song was a drum call to action. Latin jazz is a medicine, coded as music. Hear it, savor it, throughout this fine book.

entre las mentes más formidables del jazz latino se encuentran los tumbadores, entre ellos Cándido Camero y Mongo Santamaría, así como Aguabella y Santos.

Este libro revela también su asombrosa polimusicalidad. El tumbador Patato Valdés aprendió a tocar rumbas usando cajas de madera, aprendió a tocar el tres de su padre, y hasta dominó la versión negra cubana del laminófono africano (el llamado piano de pulgares), la marímbula. De forma similar, Aguabella nació y se crió en Cuba, aprendió ritmos abakuá del Calabar, ritmos arará de Dahomey y batá, los tambores sagrados del dios yoruba del trueno.

Todas las grandes figuras y sus logros están aquí: Eddie Palmieri, Charlie Palmieri, Chucho Valdés, Paquito D'Rivera, Arturo Sandoval. También encontramos a Poncho Sánchez en Los Ángeles en 2000, Giovanni Hidalgo de Batacumbele en Puerto Rico a mediados de los años ochenta y la increíble Fort Apache Band de Nueva York, dirigida por los hermanos Jerry y Andy González. Las mujeres emergen: Rebeca Mauleón, Jane Bunnett y la más memorable, Graciela.

Tenga cuidado al incursionar en el jazz latino, podría cambiar su vida. En este mundo, las metáforas se hacen realidad. Lo que Martín Espada, en una oda a Mongo Santamaría, describió de forma poética . . .

cantos resonando
en la sala de baile atónita
de una ciudad invernal

. . . me sucedió a mí en el Palladium de Nueva York en el invierno de 1955. Durante un descanso esa noche, de pronto un joven tumbador negro se apoderó del tambor en el escenario. Cantó,— "¡Aguacero de mayo!" y entonces se esfumó. Demoré años en comprenderlo. Detrás del jazz latino se encuentra el mambo original, en que uno ofrece un cántico a la nganga sobre una de sus medicinas, agua de la primera lluvia de mayo. Ésta es agua de Dios, talismánica, protectora. Como la melodía del contrabajo en la habanera, esta vieja canción palo era un llamado de tambores a la acción. El jazz latino es una medicina, codificada como música. Escúchelo, saboréelo, a través de este magnífico libro.

1

ROOTS AND ROUTES
RAÍCES Y RUTAS

"Latin jazz . . . I think it's the same as Afro-Cuban jazz . . . it is a marriage of Cuban rhythms with jazz-oriented techniques without one clashing with the other, and both getting together to become one creative entity."

"El jazz latino . . . me parece que es lo mismo que el jazz afrocubano . . . es la unión de los ritmos cubanos con las técnicas orientadas hacia el jazz, sin que uno choque con el otro y ambos se juntan para convertirse en una entidad creadora". Arturo "Chico" O'Farrill

Latin jazz is a combination of two musical traditions. The "Latin" in Latin jazz comes mainly from Caribbean dance music, with its powerful and complex rhythms. The "jazz" comes, of course, from that original American art form, one of the country's greatest contributions to world music. When you listen to Latin jazz, you might hear the rhythm of a *mambo, son,* or *merengue* merged with bebop or cool California jazz. Both Caribbean music and jazz share African as well as European roots, and together they form a musical fusion with a strong African heritage.

El jazz latino es una combinación de dos tradiciones musicales. Lo "latino" del jazz latino viene principalmente de la música de baile caribeña, con sus poderosos y complejos ritmos. Lo de "jazz" viene, por supuesto, de esa forma artística original de los Estados Unidos, una de las contribuciones más importantes del país a la música mundial. Cuando se escucha el jazz latino, es posible oír el ritmo de un mambo, un son o un merengue amalgamado con el *jazz bebop* o el *cool jazz* de California. La música caribeña y el jazz comparten raíces tanto africanas como europeas, y juntas conforman una nueva fusión musical con una fuerte herencia africana.

NEW ORLEANS'S LATIN TINGE

No one knows exactly when music of the Caribbean and the United States first met, but it was probably in early nineteenth-century New Orleans. A city known for its tropical climate, European architecture, and cosmopolitan lifestyle (it boasted two permanent opera companies in the 1830s, before any other city in the United States had even one), New Orleans was a vibrant port city with a multiethnic population. Creoles, Spanish, French, Italians, free and enslaved blacks, and immigrants from the Caribbean and Mexico shared the city with a transient population of political exiles, merchant seamen, and travelers. The city supported a large number of hotels, restaurants, theaters, dance halls, and operas, all of which kept many musicians employed.

"Jazz music came from New Orleans, and New Orleans was inhabited with maybe every race on the face of the globe." *Jelly Roll Morton*

Musical ideas were traded along with tobacco and sugar in this busy port city. African drums, outlawed in most of North America, could be heard on select days in New Orleans's Congo Square. Minstrels, fiddlers, and singers of various kinds inhabited the street corners. In 1836, a Havana troupe considered to be the best opera company in the Western Hemisphere relocated to the Crescent City. The company's Italian conductor, Luigi Gabici, remained in New Orleans and became a prominent composer and music teacher.

EL MATIZ LATINO DE NUEVA ORLÉANS

Nadie sabe con seguridad cuál fue el primer encuentro entre la música estadounidense y la caribeña, pero probablemente ocurrió a principios del siglo XIX en Nueva Orléans. Una ciudad conocida por su clima tropical, su arquitectura europea y su forma de vida cosmopolita (hacía alarde de dos compañías de ópera permanentes en los años de 1830, antes de que cualquier otra ciudad de Estados Unidos tuviera siquiera una), Nueva Orléans era un puerto vibrante con una población que comprendía varios grupos étnicos. Los criollos, españoles, franceses, italianos, negros libres y esclavos, así como inmigrantes del Caribe y México compartían la ciudad con una población itinerante de exiliados políticos, comerciantes y viajeros. La ciudad sustentaba un gran número de hoteles, restaurantes, teatros, salones de baile y teatros de ópera, todo lo cual daba empleo a muchos músicos.

"La música de jazz vino de Nueva Orléans, y Nueva Orléans estaba poblada por quizá todas las razas sobre la faz de la tierra". *Jelly Roll Morton*

Las ideas musicales se intercambiaban al igual que el tabaco y el azúcar en este concurrido puerto. Los tambores africanos, prohibidos en la mayor parte de Norteamérica, podían escucharse en días selectos en Congo Square de Nueva Orléans. Los juglares, violinistas y cantantes de varios estilos deambulaban por las esquinas. En 1836, una compañía de ópera de La Habana, con-

left: Congo Square, New Orleans, c. 1850

izquierda: Congo Square, Nueva Orleáns, c. 1850.

previous spread: Jelly Roll Morton and His Red Hot Peppers, 1920s. (Seated) Jelly Roll Morton; (l-r) Omer Simeon, Andre Hillaire, John Lindsay, Johnny St. Cyr, Kid Ory, George Mitchell.

página anterior: Jelly Roll Morton and His Red Hot Peppers, años veinte. (Sentado) Jelly Roll Morton; (izq-der) Omer Simeon, Andre Hillaire, John Lindsay, Johnny St. Cyr, Kid Ory, George Mitchell.

left: Lorenzo Tio, Sr., 1894.

izquierda: Lorenzo Tio, Sr., 1894.

siderada como la mejor en el hemisferio occidental, se trasladó a la ciudad conocida como *Crescent City.* El director italiano de la compañía, Luigi Gabici, se quedó a vivir en Nueva Orléans y se convirtió en un prominente compositor y maestro de música.

El clarinetista mexicano Thomas Tio estudió con Gabici, comenzando una tradición familiar de maestría musical excepcional que duró muchas generaciones. El hijo de Thomas, Lorenzo Tio, Sr., se convirtió en un distinguido clarinetista y maestro. Su nieto, Lorenzo Tio, Jr., se volvió un personaje célebre de los comienzos del jazz, tocaba saxofón y clarinete, y tuvo bajo su tutela a los afamados músicos de jazz Sidney Bechet, Barney Bigard, Jimmie Noone y Johnny Dodds.

> ***"Mi maestro era mexicano. Lorenzo Tio [Jr.] y toda su familia tocaban el clarinete del bisabuelo para abajo. En la primera clase que le daba [a un alumno], si veía que no iba a poder tocar bien el clarinete, le decía: 'Mijo, no me des tu dinero . . . no tienes facilidad para la música'".***
>
> *Barney Bigard*

Una influencia caribeña importante de la música estadounidense llegó con los refugiados que huían de la revolución en Santo Domingo (Haití) a fines del siglo XVIII y principios del XIX. Muchos refugiados llegaron a Nueva Orléans cerca de 1809, a menudo por Cuba, Jamaica u otras islas caribeñas. El célebre compositor estadounidense Louis M. Gottschalk, nacido en Nueva Orléans en 1829, era descendiente de una familia haitiana inmigrante. Desde pequeño, estuvo en contacto con la nutrida cultura musical caribeña y criolla que hacía efervescencia por la ciudad. En su hogar, dos mujeres nacidas en Santo Domingo — su abuela y

left: Lorenzo Tio, Jr. (seated third from left), with Armond J. Piron's New Orleans Orchestra. (Seated l–r) Louis Cottrell, Peter Bocage, Tio, Louis Warnick, Charlie Bocage, Steve Lewis; (standing l–r) Johnny Lindsey, Bob Ysaguirre, Piron.

izquierda: Lorenzo Tio, Jr., (sentado, tercero a la izq.) con la New Orleans Orchestra de Piron. (Sentados de izq-der) Louis Cottrell, Peter Bocage, Tio, Louis Warnick, Charlie Bocage y Steve Lewis; (de pie izq-der) Johnny Lindsey, Bob Ysaguirre, Piron.

Mexican clarinetist Thomas Tio studied with Gabici, beginning a family tradition of outstanding musicianship that lasted many generations. Thomas's son, Lorenzo Tio, Sr., became a distinguished clarinetist and teacher. His grandson, Lorenzo Tio, Jr., became a noted figure in early jazz, playing reed instruments and tutoring the famed jazz musicians Sidney Bechet, Barney Bigard, Jimmie Noone, and Johnny Dodds.

> ***"My teacher was Mexican—Lorenzo Tio [Jr.], and his whole family was clarinet players from the great-grandfather on down. The first lesson he'd give [a pupil], if he could see he wasn't going to be any good playing the clarinet, he'd tell him: 'Son, I don't want your money . . . you don't have it.'"*** *Barney Bigard*

An important Caribbean influence on American music arrived with refugees fleeing revolution in Saint-Domingue (Haiti) in the late eighteenth and early nineteenth century. Many refugees reached New Orleans around 1809, often by way of Cuba, Jamaica, or other Caribbean islands. The celebrated American composer Louis M. Gottschalk, born in New Orleans in 1829, was

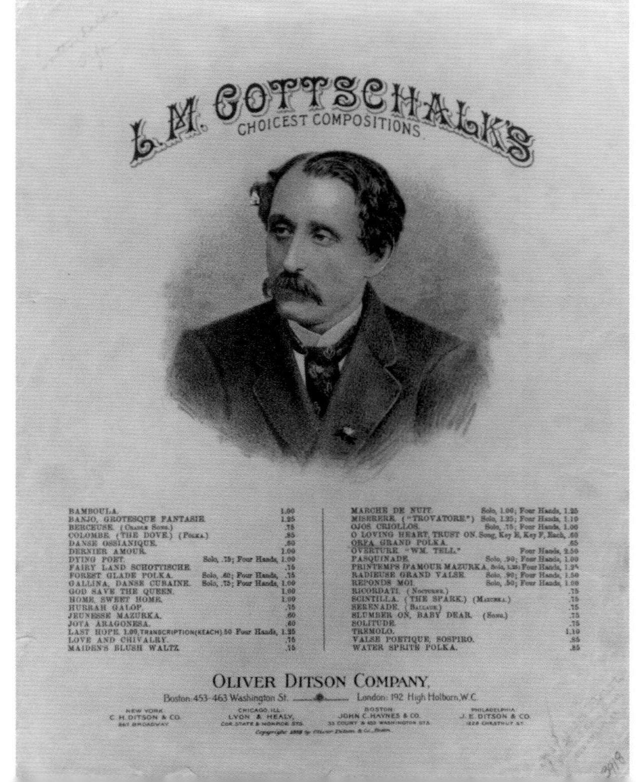

descended from a Haitian immigrant family. From an early age, he was exposed to the rich Caribbean and Creole musical cultures that swirled throughout the city. At home, two women born in Saint-Domingue—his grandmother and his nurse, Sally—sang him tunes of their native land, which he later learned to play on the piano.

Gottschalk made his musical debut at the St. Charles Hotel at the age of eleven, playing a popular Latin dance tune. He later became a world-famous composer and pianist and achieved much success in Europe. Eventually he returned to his Caribbean roots, living in Cuba, Puerto Rico, and Martinique for extended periods in the 1850s and 1860s. He befriended local composers and musicians and was inspired to write many *danzas*. The composition "Ojos Criollos" was inspired by the Creole music of Gottschalk's New Orleans childhood. His most famous works include "Bamboula," "The Banjo," and "Souvenir de Porto Rico."

The *danza* rhythm favored by Gottschalk was a pan-Caribbean dance form of the early nineteenth century. It was descended from the eighteenth-century French *contredanse* and its derivative in Spain, the *contradanza española*. In the hands of Caribbean musicians, the *contradanza,* called the *danza* for short, acquired a more syncopated and sensuous quality. By the 1850s, *danzas* had developed into concert music composed primarily for piano. Notable musicians who composed *danzas* included Manuel Saumell, Nicolás Ruiz Espadero, Ignacio Cervantes, Juan Morel Campos, Ernesto Lecuona, and more recently, Jesús "Chucho" Valdés. In Cuba and Puerto Rico, respective variations of the *danza* became symbols of nationalism.

Around the mid-nineteenth century, vocals were added to the *danza*. Eventually the form became strictly vocal and took the name of *habanera* (from *Habana*, Spanish for Havana.) It was characterized by a syncopated rhythm inherited from the *danza* and known generally as the *habanera* beat. (Toward the end of the nineteenth century, the *habanera* mixed with the local dances of Argentina and evolved into the tango.) European composers, notably Georges Bizet, Maurice Joseph Ravel, Claude Debussy, and Manuel de Falla, used the *habanera* rhythm in their compositions.

opposite: *L.M. Gottschalk's Choicest Compositions.* Published by Oliver Ditson Company, Boston, 1888.

opuesta: *L.M. Gottschalk's Choicest Compositions* [Las composiciones de mayor éxito de L.M. Gottschalk]. Editado por Oliver Ditson Company, Boston, 1888.

su nana Sally—le cantaban melodías de su tierra natal, las cuales aprendió a tocar en el piano más adelante.

Gottschalk hizo su debut musical en el Hotel St. Charles a la edad de once años, tocando una popular melodía latina para baile. Posteriormente se convirtió en un compositor y pianista mundialmente famoso y tuvo mucho éxito en Europa. Con el tiempo regresó a sus raíces caribeñas, viviendo en Cuba, Puerto Rico y Martinica por períodos largos de tiempo en las décadas de 1850 y 1860. Se hizo amigo de compositores y músicos locales, y se inspiró a escribir muchas danzas. La composición "Ojos criollos" fue inspirada por la música criolla de la niñez de Gottschalk en Nueva Orléans. Entre sus obras más famosas se encuentran "Bamboula", "The Banjo" y "Souvenir de Porto Rico".

El ritmo de danza que Gottschalk favorecía era una forma de danza pancaribeña de principios del siglo XIX. Provenía de la *contredanse* francesa del siglo XVIII y su derivado en España, la contradanza española. En manos de los músicos caribeños la contradanza, llamada danza para abreviar, adquirió un carácter más sincopado y sensual. Para los años de 1850, las danzas habían evolucionado hasta llegar a ser música de concierto compuesta principalmente para el piano. Entre los músicos notables que compusieron danzas se encuentran Manuel Saumell, Nicolás Ruiz Espadero, Ignacio Cervantes, Juan Morel Campos, Ernesto Lecuona y, más recientemente, Jesús "Chucho" Valdés. En Cuba y Puerto Rico, las variantes respectivas de la danza se convirtieron en símbolos de nacionalismo.

Alrededor de la mitad del siglo XIX, se agregó una parte vocal a la danza. Con el tiempo, la forma se volvió estrictamente vocal y recibió el nombre de habanera. Se caracterizaba por un ritmo sincopado proveniente de la danza y que se conocía comúnmente como el ritmo de habanera. (Hacia fines del siglo XIX, la habanera se mezcló con las danzas locales de Argentina y se transformó en el tango.) Los compositores europeos, en particular Georges Bizet, Maurice Joseph Ravel, Claude Debussy y Manuel de Falla, usaron el ritmo de la habanera en sus composiciones.

In the late 1870s and early 1880s—more or less at the same time as ragtime and pre-jazz music were developing in New Orleans—the Cuban *danzón* emerged. A slower and more varied style than the earlier *danza*, the *danzón* relied on a rhythmic figure known as the *cinquillo*, very common in Caribbean music. The *danzón* was a dance for couples, and it replaced the *danza* as the national music of Cuba in the late nineteenth and the early twentieth century.

Cuban musicians in New Orleans were writing *danzones* by the last decades of the nineteenth century. The music spread as musicians from Cuba and Mexico traveled on trade vessels between Havana and New Orleans, sometimes via Veracruz or Tampico, to find work in various ports. Cuban and Mexican performers played not only *danzas* and *danzones* but also waltzes, mazurkas, and world music of many kinds.

The popularity of Latin rhythms in New Orleans expanded when the city played host to the World's Cotton and Industrial Exposition of 1884–85. The hit of the festival was Mexico's Eighth Cavalry Military Band, which became known locally as the Mexican Band. This talented sixty- to eighty-piece group played a variety of Latin music, including the *danza* and *habanera*. Latin tunes became the rage throughout the city, and local music publishers put out a series of pieces labeled "as played by the Mexican Band."

A fines de la década de 1870 y a principios de la de 1880—más o menos al mismo tiempo en que se estaban desarrollando la música previa al jazz y el *ragtime* en Nueva Orléans—surgió el danzón cubano. Más lento y con un estilo más variado que la anterior danza, el danzón se basaba en una figura rítmica conocida como el cinquillo, muy común en la música caribeña. El danzón era un baile de parejas y reemplazó a la danza como la música nacional de Cuba a fines del siglo XIX y principios del XX.

Los músicos cubanos componían danzones para las últimas décadas del siglo XIX. La música se difundió a medida que los músicos de Cuba y México viajaban en embarcaciones comerciales entre La Habana y Nueva Orléans, a veces por Veracruz o Tampico, para encontrar trabajo en varios puertos. Los músicos cubanos y mexicanos tocaban no sólo danzas y danzones sino también valses, mazurcas y la música mundial de muchos estilos.

La popularidad de los ritmos latinos en Nueva Orléans aumentó cuando la ciudad fue sede de la Exposición Industrial y Mundial del Algodón de 1884–1885. El grupo musical que tuvo un éxito rotundo en el festival fue la Banda Militar del Octavo Regimiento de Caballería de México, que se llegó a conocer localmente como la Banda Mexicana. Este talentoso grupo de 60 a 80 integrantes tocaba una variedad de música latina, incluso la danza y la habanera. Las melodías latinas fueron la sensación del momento por toda la ciudad y las editoras locales de música sacaron una serie de piezas con el apelativo "como fueron interpretadas por la Banda Mexicana".

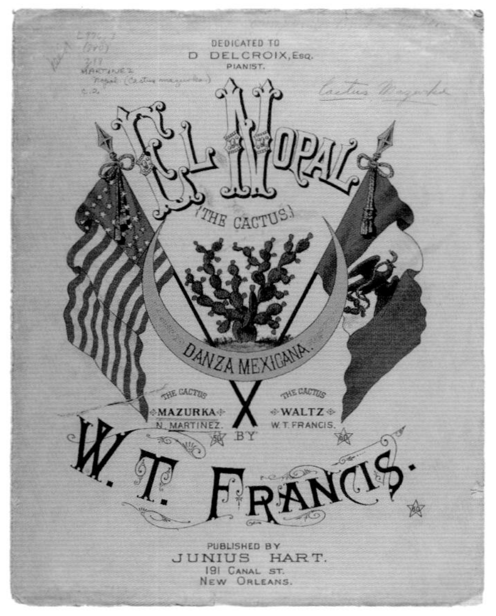

above left: Mexico's Eighth Cavalry Military Band, New Orleans, c. 1885.

arriba, izquierda: Banda Militar del Octavo Regimiento de Caballería de México, Nueva Orléans, c. 1885.

left: W. T. Francis and N. Martinez, "El Nopal (The Cactus), Danza Mexicana." Published by Junius Hart, New Orleans, 1885.

izquierda: W. T. Francis y N. Martinez, "El nopal, danza mexicana". Editado por Junius Hart, Nueva Orléans, 1885.

right: Madame M. Samuel, arranger. "Serenade Boccaccio, as Sung and Played by the Mexican Military Band, World's Exposition." Published by P. Werlein, New Orleans, 1885.

derecha: Madame M. Samuel, arreglista. "Serenade Boccaccio, como fue cantada y tocada por la Banda Militar Mexicana, Exposición Mundial". Editado por P. Werlein, Nueva Orléans, 1885.

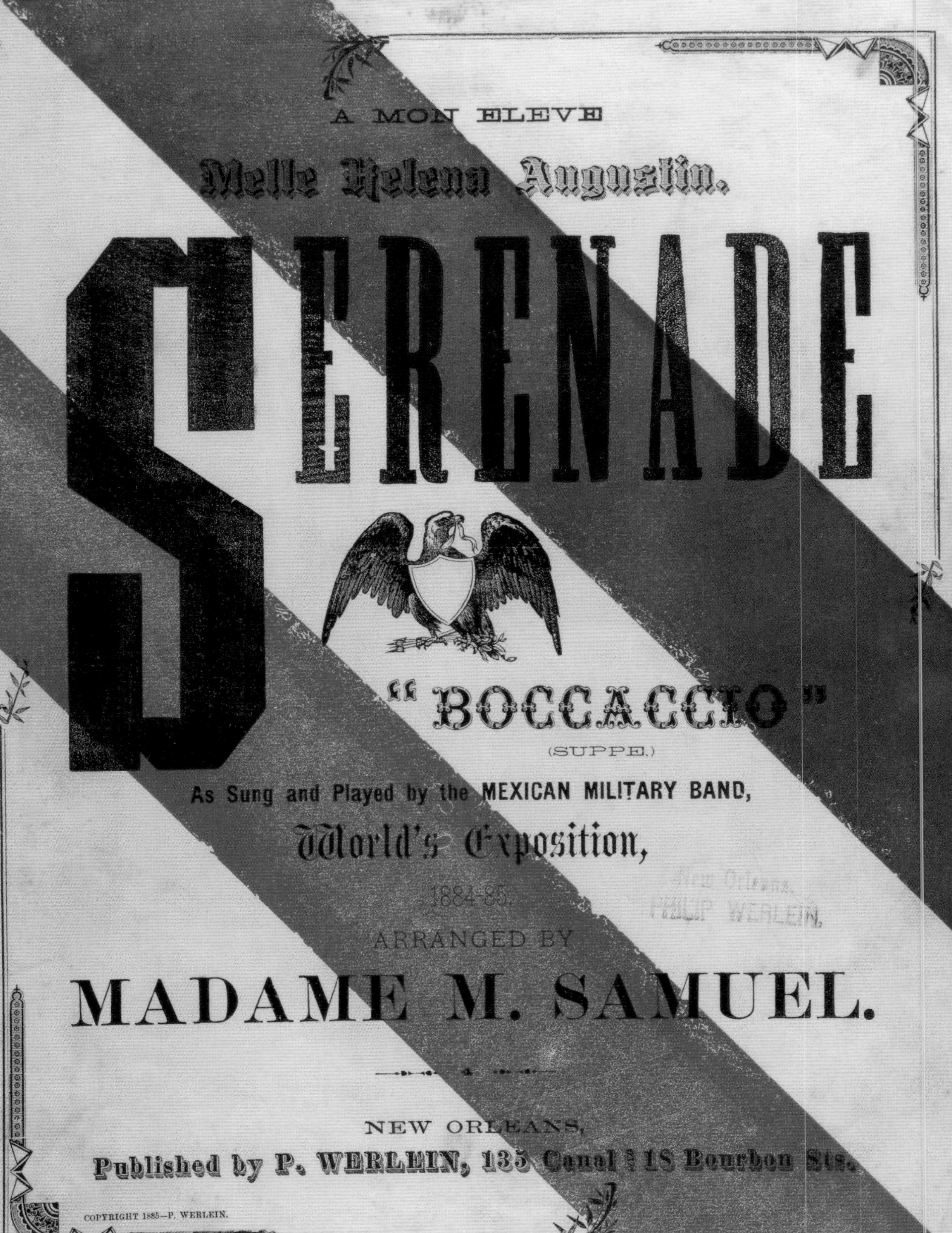

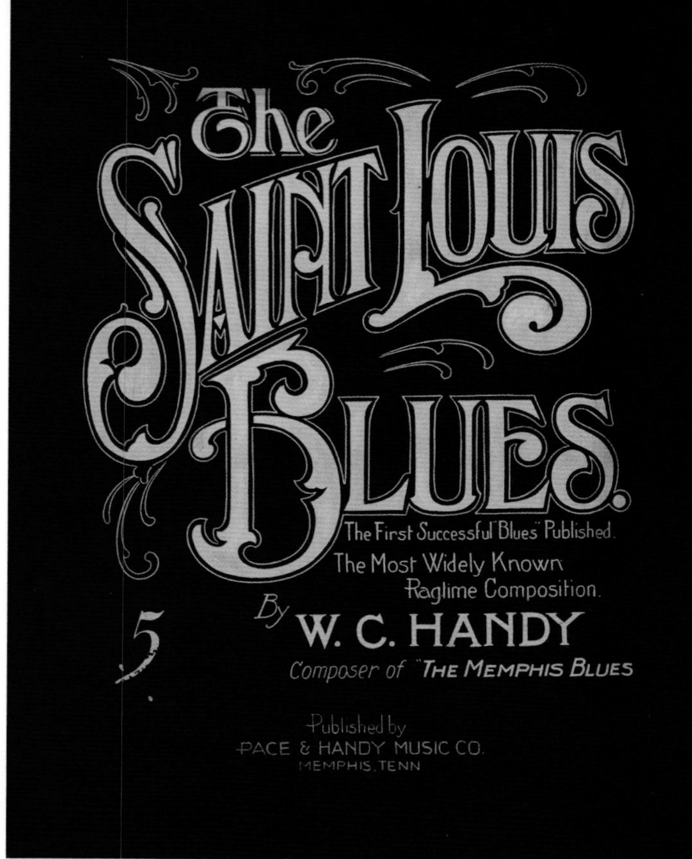

left: W. C. Handy, "The Saint Louis Blues." Pace & Handy Music Co., Memphis, 1914.

izquierda: W. C. Handy, "The Saint Louis Blues". Pace & Handy Music Co., Memphis, 1914.

below: Warren "Baby" Dodds (third from left) at Mentes' Bag Factory, New Orleans, c. 1912, where he worked to buy his first set of drums.

abajo: Warren "Baby" Dodds (tercero desde la izq.) en la fábrica Mentes' Bag Factory, Nueva Orléans, c. 1912, donde trabajó para poder comprar su primera batería.

The now-fashionable *habanera* rhythm was adopted by several American composers, including W. C. Handy. Having traveled to Cuba with his band in 1900, Handy was already familiar with some Latin music styles. He used the *habanera* beat in "The Saint Louis Blues," the first copyrighted blues composition.

"The blues were played in New Orleans in the early days very, very slowly, and not like today, but in a Spanish rhythm." *Warren "Baby" Dodds*

The prevalence of Latin music in New Orleans influenced the syncopated rhythms of early jazz. The well-known composer and pianist Jelly Roll Morton (born Ferdinand LaMothe) traced his ancestry to Haiti through both parents, was raised by godparents of Cuban ancestry, and learned to play *habaneras* from his Mexican guitar teacher. Morton referred to the Latin influence on early jazz as the "Spanish tinge."

El ritmo de moda de la habanera fue adoptado por varios compositores estadounidenses, incluso W. C. Handy. Handy ya estaba familiarizado con algunos estilos musicales latinos, habiendo viajado a Cuba con su grupo en 1900. Usó el ritmo de habanera en "St. Louis Blues", la primera composición de blues en ser registrada oficialmente.

"En un principio, el blues se tocaba en Nueva Orléans muy, muy despacito, no como hoy, sino con un ritmo latino". *Warren "Baby" Dodds*

La preponderancia de la música latina en Nueva Orléans influenció los ritmos sincopados de los comienzos del jazz. El conocido compositor y pianista Jelly Roll Morton (seudónimo de Ferdinand LaMothe) cuyos padres eran de ascendencia haitiana, fue criado por padrinos de ascendencia cubana y aprendió a tocar habaneras de su maestro de guitarra mexicano. Morton se refería a la influencia latina de los comienzos del jazz como "el matiz latino".

right: Jelly Roll Morton's visa, showing trips from California to Mexico, 1921.

derecha: La visa de Jelly Roll Morton muestra viajes de California a México, 1921.

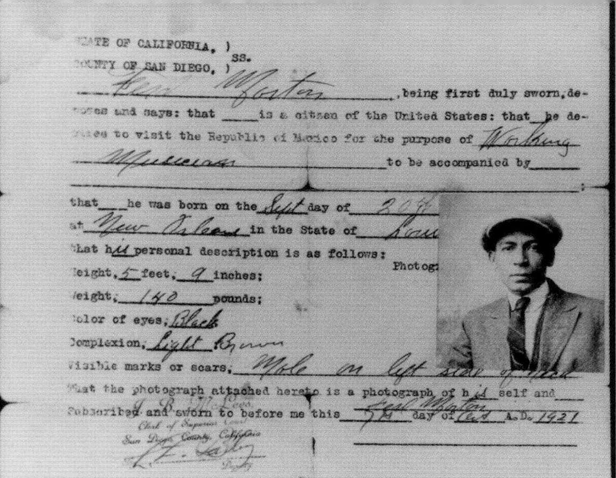

ATE OF CALIFORNIA,)
OUNTY OF SAN DIEGO,) ss.

Ferd Morton, being first duly sworn, deposes and says: that he is a citizen of the United States: that he desires to visit the Republic of Mexico for the purpose of Working Musician to be accompanied by ______

that he was born on the Sept day of 20 ______ at New Orleans in the State of Lou______

That his personal description is as follows: Photog______

Height, 5 feet, 9 inches;

Weight, 140 pounds;

Color of eyes, Black

Complexion, Light Brown

Visible marks or scars, Mole on left side of neck

That the photograph attached hereto is a photograph of his self and ______

Subscribed and sworn to before me this 5th day of Feb A.D. 1921

below: Jelly Roll Morton, "New Orleans Blues," arranged by Joe Jordan. Melrose Bros. Music Co., Chicago, 1925.

abajo: Jelly Roll Morton, "New Orleans Blues", arreglo de Joe Jordan. Melrose Bros. Music Co., Chicago, 1925

above: The Onward Brass Band, c. 1913. (L–r): Manuel Perez, Andrew Kimball, Peter Bocage, Lorenzo Tio, Jr., Adolphe Alexander, Sr., Bebé Matthews, Dandy Lewis, Isidore Barbarin, Buddy Johnson, Vic Gaspard, Eddie Atkins, Eddie Jackson.

arriba: The Onward Brass Band, c. 1913. (Izq-der): Manuel Perez, Andrew Kimball, Peter Bocage, Lorenzo Tio, Jr., Adolphe Alexander, Sr., Bebé Matthews, Dandy Lewis, Isidore Barbarin, Buddy Johnson, Vic Gaspard, Eddie Atkins, Eddie Jackson.

left: Roof Garden of the Pythian Temple, New Orleans, 1923, where Manuel Perez was often invited to play.

izquierda: Terraza ajardinada del Pythian Temple, Nueva Orléans, 1923, donde Manuel Perez era un invitado frecuente.

right: The Manuel Perez Orchestra, c. 1923. (Seated, l–r) Alfred Williams, Earl Humphrey, Eddie Cherry, Adolphe "Tats" Alexander, Jr., Caffrey Darensbourg: (standing, l–r) Osceola Blanchard, Manuel Perez, Maurice Durand, Jimmy Johnson.

derecha: The Manuel Perez Orchestra, c. 1923. (Sentados, izq-der) Alfred Williams, Earl Humphrey, Eddie Cherry, Adolphe "Tats" Alexander, Jr., Caffrey Darensbourg; (de pie, izq-der) Osceola Blanchard, Manuel Perez, Maurice Durand, Jimmy Johnson.

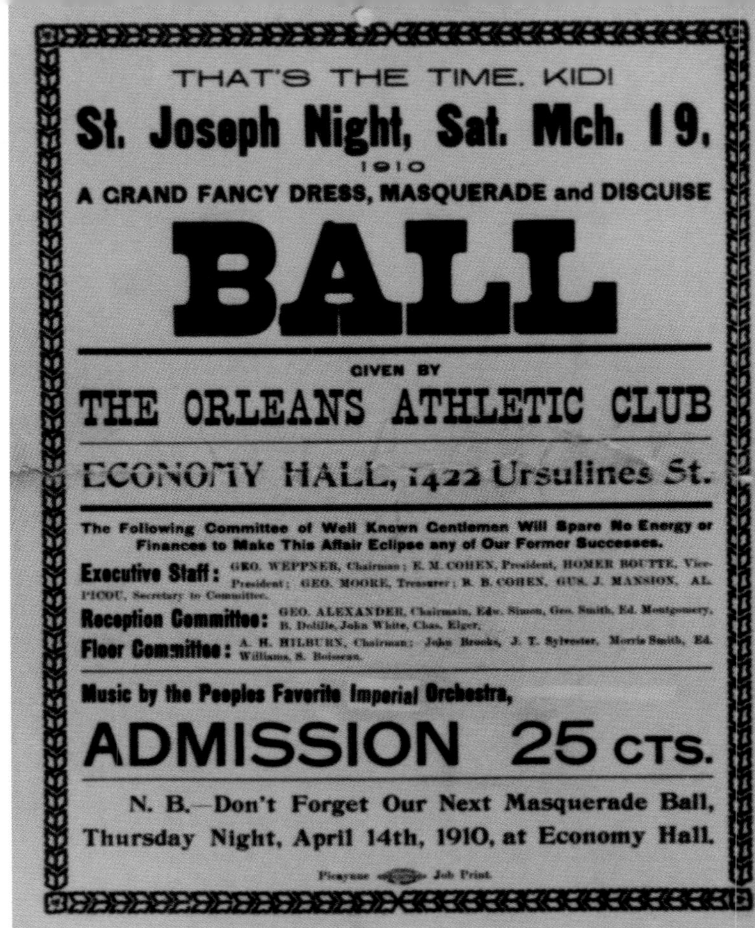

right: Poster announcing a performance of the Imperial Orchestra at Economy Hall, New Orleans, 1910.

derecha: Cartel para una actuación de la Imperial Orchestra que tuvo lugar en Economy Hall, Nueva Orléans, 1910.

"In one of my earliest tunes, 'New Orleans Blues,' you can hear the Spanish tinge. In fact, if you can't manage to put tinges of Spanish in your tunes, you will never be able to get the right seasoning, I call it, for jazz." *Jelly Roll Morton*

The history of New Orleans jazz is full of musicians with Spanish last names, many of Mexican or Cuban origin. In addition to the famed Tio family, there was Manuel Perez, born in Havana in 1863. A former cigar maker, Perez played cornet with the Onward Brass Band before forming his own band, the Imperial Orchestra, in 1900. Toward the end of the Spanish–American War of 1898, the Onward Brass Band was stationed in Cuba as a military band for several months, during which time they heard much of the music of the island. This created an important point of contact between the music of New Orleans and Cuba.

"The Onward Brass Band was the finest I ever heard."

Louis Armstrong

"En una de mis primeras melodías, 'New Orleans Blues', se puede escuchar el matiz latino. De hecho, si no eres capaz de poner matices hispanos en tus melodías, nunca podrás tener el sabor justo, digo yo, para el jazz".

Jelly Roll Morton

La historia del jazz de Nueva Orléans está repleta de músicos con apellidos españoles, muchos de origen mexicano o cubano. Además de la famosa familia Tio, estaba Manuel Perez, nacido en La Habana en 1863. Un antiguo fabricante de puros, Perez tocaba la corneta con la Onward Brass Band antes de formar su propio grupo, la Imperial Orchestra, en 1900. Hacia finales de la Guerra Hispano-Cubana-Americana de 1898, la Onward Brass Band estuvo estacionada en Cuba como banda militar durante varios meses, tiempo en el cual escucharon mucha música de la isla. Esto creó un importante punto de contacto entre la música de Nueva Orléans y Cuba.

"La Onward Brass Band fue la mejor que jamás escuché".

Louis Armstrong

left: Alcide "Yellow" Nuñez, Tom Brown, and Frank Christian, New Orleans, c. 1910.

izquierda: Alcide "Yellow" Nuñez, Tom Brown y Frank Christian, Nueva Orléans, c. 1910.

The Reliance Brass Band was another of New Orleans's most popular early jazz groups. Directed by Jack "Papa" Laine, whose wife, Blanche Nuñez, was Cuban, it often employed Mexican and Cuban musicians. These included cornetist and assistant bandleader Manuel Mello and clarinetist Alcide "Yellow" Nuñez, who also played with the Original Dixieland Jass Band. (Pee Wee Russell later named Nuñez as one of his biggest influences.)

Another significant intersection between Caribbean musicians and early jazz occurred during World War I, when African American bandleader James Reese Europe was charged with the establishment of a "colored" army band. Seeking trained musicians who could read music, he went to Puerto Rico and recruited fifteen men to add to his 369th Infantry "Hellfighters" World War I military band. The famous Hellfighters were credited with popularizing American ragtime and early jazz music in Europe. After the war, many veterans of the band found work in American jazz bands.

La Reliance Brass Band fue otro de los grupos más populares de los comienzos del jazz en Nueva Orléans. Dirigida por Jack "Papa" Laine, cuya esposa Blanche Nuñez era cubana, a menudo daba empleo a músicos mexicanos y cubanos. Entre ellos se encontraban el cornetista y asistente del director de banda, Manuel Mello, y el clarinetista Alcide "Yellow" Nuñez, quien también tocaba con la Original Dixieland Jass Band. (Pee Wee Russell más tarde nombró a Nuñez como una de sus influencias más importantes.)

Otra intersección importante entre los músicos caribeños y los comienzos del jazz ocurrió durante la Primera Guerra Mundial, cuando el director de banda afroamericano, James Reese Europe, estuvo a cargo del establecimiento de una banda militar de hombres "de color". Su búsqueda de músicos con preparación que pudieran leer música lo llevó al mismo Puerto Rico, donde reclutó a quince hombres para unirse a su banda militar del 369° Batallón de Infantería de la Primera Guerra Mundial apodado "Hellfighters" o "Los combatientes del infierno". Se atribuye a los famosos Hellfighters la popularización en Europa de la música estadounidense del *ragtime* y de los comienzos del jazz. Después de la guerra, muchos veteranos de la banda encontraron trabajo en grupos de jazz estadounidenses.

right: The Reliance Brass Band, 1910. (Seated) Jack "Papa" Laine; (l–r) Manuel Mello, Alcide "Yellow" Nuñez, Leonce Mello, Baby Laine, Abraham "Chink" Martin, Tim Harris.

derecha: The Reliance Brass Band, 1910. (Sentado) Jack "Papa" Laine; (izq-der) Manuel Mello, Alcide "Yellow" Nuñez, Leonce Mello, Baby Laine, Abraham "Chink" Martin, Tim Harris.

left: The 369th Infantry "Hellfighters" World War I military band, 1918.

izquierda: El 369° Batallón de Infantería de la Primera Guerra Mundial apodado "Hellfighters" o "Los combatientes del infierno", 1918.

N M
N M
N M
N M
N M
N M
N M

NEW YORK, JAZZ CENTRAL

By the 1920s, jazz was an established musical genre, having spread from New Orleans throughout the United States and Europe. The "home" of jazz in the United States was no longer New Orleans but New York City, and the country's most talented musicians converged there, attracted by exciting new music, job opportunities, and receptive audiences.

New York in the 1920s was also home to a growing number of Latinos. The Jones Act of 1917 granted U.S. citizenship to Puerto Ricans, and the Puerto Rican community in the city expanded rapidly during the following decades. In the 1930s many Puerto Rican, Cuban, Panamanian, and other Latino musicians in New York worked both in jazz orchestras and in Latin dance bands. Puerto Ricans Rafael "Ralph" Escudero and Juan Tizol worked in the Fletcher Henderson and Duke Ellington orchestras respectively, and Panamanian Luis Russell, besides working as musical director for Louis Armstrong, led his own dance band.

Puerto Rican composer Rafael Hernández had a major impact on the New York music scene of the 1920s and 1930s. Hernández had already established a career composing and recording *danzones* before joining James Reese Europe's Hellfighters. After the war (and a five-year stint as musical director of a major Havana theater), Hernández spent several years in New York, where he composed music and led a quartet. His compositions, including "Campanitas de cristal," "El cumbanchero," "Preciosa," and "Lamento borincano," have since been recorded over time by Xavier Cugat, Dámaso Pérez Prado, and Tito Puente. Hernández moved to Mexico in 1932, where he remained for the next fifteen years until he returned to Puerto Rico in 1947. He periodically traveled back to New York to perform and record, and he remained an important force in the Latin music world.

A small number of Cuban musicians arrived in New York in the years between the world wars. One of these was Alberto Socarrás, a classically trained flutist, who came from Cuba in 1927. He toured Europe with Lew Leslie's stage musical *Blackbirds* in 1928, and in 1929 he made the first recording of a jazz flute solo,

opposite: The Noro Morales Orchestra, with singer Diosa Costello, c. 1945.

opuesta: La Noro Morales Orchestra, con la cantante Diosa Costello, c. 1945.

NUEVA YORK: LA ESTACIÓN CENTRAL DEL JAZZ

Para los años veinte, el jazz era ya un género musical establecido y su difusión abarcaba desde Nueva Orléans, a través de los Estados Unidos, hasta Europa. La "sede" del jazz ya no se encontraba en Nueva Orléans sino en Nueva York, y los músicos más talentosos del país se congregaban allí, atraídos por la música nueva, las oportunidades de trabajo y un público receptivo.

Nueva York en los años veinte era también hogar de un creciente número de latinos. La Ley Jones de 1917 otorgó la ciudadanía estadounidense a los puertorriqueños, y la comunidad puertorriqueña en la ciudad creció rápidamente durante las décadas siguientes. En la década de los treinta muchos músicos puertorriqueños, cubanos, panameños y de otras partes de América Latina que vivían en Nueva York trabajaban tanto en orquestas de jazz como orquestas de baile latinas. Los puertorriqueños Rafael "Ralph" Escudero y Juan Tizol trabajaron en las orquestas de Fletcher Henderson y Duke Ellington respectivamente, y el panameño Luis Russell, además de desempeñarse como director musical de Louis Armstrong, dirigía su propia orquesta de baile.

El compositor puertorriqueño, Rafael Hernández, tuvo un gran impacto en el ámbito musical de Nueva York durante las décadas de los años veinte y treinta. Hernández ya había establecido una carrera en la composición y grabación de danzones antes de unirse a los Hellfighters de James Reese Europe. Después de la guerra (y de un período de cinco años como director musical de un teatro principal de La Habana), Hernández pasó varios años en Nueva York, donde compuso música y dirigió un cuarteto. Sus composiciones, entre ellas "Campanitas de cristal", "El cumbanchero", "Preciosa" y "Lamento borincano" han sido grabadas por muchos artistas a través del tiempo, tales como Xavier Cugat, Dámaso Pérez Prado y Tito Puente. Hernández se trasladó a México en 1932, donde permaneció durante los próximos quince años hasta regresar a Puerto Rico en 1947. Regresaba con frecuencia a Nueva York para sus actuaciones y grabaciones, y siguió siendo una fuerza importante en el mundo de la música latina.

left: Rafael "Ralph" Escudero (tuba) and Louis Armstrong (third from left) with the Fletcher Henderson Orchestra, New York, 1924.

izquierda: Rafael "Ralph" Escudero (tuba) y Louis Armstrong (tercero de la izq.) con la Fletcher Henderson Orchestra, Nueva York, 1924.

"Have You Ever Felt That Way," with Clarence Williams's band. In the 1930s he played both in jazz bands and with his own very popular Cuban dance band, Cubanacán. He appeared at the Savoy, the Cotton Club, the Campoamor, the Park Plaza, and other venues, playing for a wide variety of audiences.

"Socarrás is known as the 'Cuban Duke Ellington,' with each member of his Orchestra said to be a professor of music. Their rendition of hot American music is also carded to surprise and satisfy even the most exacting."

New York Amsterdam News, *March 9, 1935*

In the late 1930s, Socarrás played the flute for Benny Carter and Sam Woodling. He was also in demand as a studio musician for recording companies, and he orchestrated music for Cab Calloway, Tommy Dorsey, and Miguelito Valdés. In 1938 he conducted the all-women Cuban band Anacaona—which included

Un pequeño número de músicos cubanos llegó a Nueva York en los años intermedios a las guerras mundiales. Uno de ellos fue Alberto Socarrás, un flautista con preparación clásica que llegó de Cuba en 1927. Realizó una gira por Europa con la obra musical *Blackbirds* de Lew Leslie en 1928, y en 1929 hizo la primera grabación de un solo de jazz para flauta: "Have You Ever Felt That Way" con el grupo de Clarence Williams. En los años treinta, tocó tanto en grupos de jazz como con su orquesta cubana de baile de gran popularidad, Cubanacán. Se presentó en el Savoy, el Cotton Club, el Campoamor, el Park Plaza así como en otros escenarios, y tocaba para una amplia gama de públicos.

"Se dice que Socarrás es el 'Duke Ellington cubano', donde cada miembro de su orquesta es todo un maestro de la música. Su interpretación de la música estadounidense más popular está destinada a sorprender y ganar la aceptación hasta del público más exigente".

New York Amsterdam News, *9 de marzo. 1935*

Graciela Grillo as bass player—during a two-month tour of Europe. After returning to New York he organized the Socarrás and His Magic Flute Orchestra, which for a brief period included a young trumpeter named John Birks "Dizzy" Gillespie. Socarrás continued to play and record until the mid-1950s. Traveling with Socarrás on his European tour in 1928 was trumpeter Augusto Coen, who had arrived in New York from Ponce, Puerto Rico, in 1919. On their return to the United States, Coen joined Socarrás's newly formed Cubanacán orchestra. In 1935 Coen left Socarrás to form the orchestra Augusto Coen y Sus Boricuas. Both the Socarrás and Coen orchestras were known for a refined, "uptown" style.

Another Latino musician to influence the New York jazz scene of the 1930s was Luis Russell, who traveled to New York for the first time in 1927 with King Oliver's New Orleans Band. Russell, who was born in Panama in 1902, had led his own band in New Orleans since 1923. He relocated the entire group to New York City in the early 1930s, and in 1935 the band became Louis Armstrong's backup group. Russell remained Armstrong's musical director until 1945.

With the development of the recording and radio industries, the world became a smaller place, and musical sounds began to flow more rapidly across physical space and among cultures. In the 1930s, a new dance craze arrived from Cuba and sped around the country via airwaves, records, and traveling musicians.

A fines de los años treinta, Socarrás tocaba la flauta para Benny Carter y Sam Woodling. También estaba muy solicitado como músico de estudio para las compañías de grabación y orquestó música para Cab Calloway, Tommy Dorsey y Miguelito Valdés. En 1938 dirigió el grupo cubano compuesto únicamente por mujeres, Anacaona—que incluía a Graciela Grillo tocando el contrabajo—durante una gira de dos meses por Europa. Después de regresar a Nueva York, organizó la orquesta Socarrás and His Magic Flute Orchestra, que por un breve período incluyó a un joven trompetista llamado John Birks "Dizzy" Gillespie. Socarrás siguió tocando y grabando hasta mediados de los años cincuenta.

Acompañando a Socarrás en su gira europea de 1928 iba el trompetista Augusto Coen, quien había llegado a Nueva York de Ponce, Puerto Rico, en 1919. Al regresar a los Estados Unidos, Coen se integró a la recién formada orquesta de Socarrás, Cubanacán. En 1935, Coen dejó a Socarrás para formar la orquesta Augusto Coen y Sus Boricuas. Ambas orquestas de Socarrás y Coen eran conocidas por un estilo refinado y elegante.

Otro músico latino que llegaría a influenciar el ámbito del jazz del Nueva York de los años treinta fue Luis Russell, quien viajó a Nueva York por vez primera en 1927 con el grupo King Oliver's New Orleans Band. Russell, nacido en Panamá en 1902, había dirigido su propio grupo en Nueva Orléans desde 1923. Russell trasladó al grupo íntegro a Nueva York a principios de los años treinta, y en 1935 la banda se convirtió en el grupo que tocaba con Louis Armstrong. Russell siguió siendo el director musical de Armstrong hasta 1945.

right: Alberto Socarrás and his orchestra at Club Cubanacán, 1940s.

derecha: Alberto Socarrás y su orquesta en el Club Cubanacán, años cuarenta.

left: Alberto Socarrás.

izquierda: Alberto Socarrás.

El desarrollo de las industrias de la grabación y la radio hizo que el mundo se hiciera más pequeño, y el sonido musical empezó a fluir con más rapidez a través del espacio y entre las culturas. Durante los años treinta se puso de moda un nuevo estilo de baile proveniente de Cuba y se diseminó con rapidez por el país a través de las ondas de radio, los discos y los músicos itinerantes. La *rhumba* fue introducida a los Estados Unidos por las orquestas cubanas de baile que estaban de gira, prominente entre ellas la Orquesta del Casino de La Habana de Don Azpiazu. La *rhumba* era en realidad una versión orquestal de un baile conocido como el son, que ya era muy popular en el Caribe. (La *rhumba* en los Estados Unidos tenía poco que ver con la danza folclórica de raíces percusivas conocida en Cuba como la rumba, aunque en los Estados Unidos se escribía tanto *rhumba* como *rumba*.) En los Estados Unidos la *rhumba* se convirtió en un fenómeno masivo y tanto el público latino, como el afroamericano y angloamericano, la bailaban en salones de baile por doquier.

CHARANGA

The *charanga* is a Cuban musical ensemble format, more than a hundred years old, that was created to play *danzones.* It became the main vehicle for playing the cha-cha-cha after 1950. Besides a rhythm section of timbales and güiros, with conga drums added in the 1940s, it features as melody instruments one or more violins, sometimes a cello, and flute. Some of the most prominent *charanga* groups have been those of Antonio María Romeu (Armando Romeu's uncle), Arcaño y Sus Maravillas, the Orquesta Aragón, and the Orquesta Fajardo. Many Latin jazz musicians began their careers playing for *charanga* orchestras, including Mario Bauzá, Cachao, Rolando Lozano, and Tata Güines.

CHARANGA

La *charanga* es un formato de conjunto musical cubano, con más de cien años de antigüedad, que fue creado para tocar danzones. Se convirtió en el vehículo principal para tocar el cha-cha-chá después de 1950. Además de una sección rítmica de timbales y güiros, más las congas agregadas en los años cuarenta, ofrece como instrumentos melódicos uno o más violines, a veces un violonchelo y una flauta. Algunos de los grupos de charanga más prominentes han sido los de Antonio María Romeu (tío de Armando Romeu), Arcaño y Sus Maravillas, la Orquesta Aragón y la Orquesta Fajardo. Muchos músicos latinos comenzaron sus carreras tocando para orquestas de charanga, entre ellos Mario Bauzá, Cachao, Rolando Lozano y Tata Güines.

right: Moisés Simons, "The Peanut Vendor (El manisero)." Published by Edward B. Marks Music Corporation, New York, 1932.

derecha: Moisés Simons, "El manisero". Editado por Edward B. Marks Music Corporation, Neuva York 1932.

left: Duke Ellington and Juan Tizol, "Caravan." Published by Exclusive Publications, Inc, 1937.

izquierda: Duke Ellington y Juan Tizol, "Caravan". Editado por Exclusive Publications, 1937.

right: The Duke Ellington Orchestra with Juan Tizol and Barney Bigard on a Hollywood movie set, 1934.

derecha: The Duke Ellington Orchestra con Juan Tizol y Barney Bigard en un set cinematográfico de Hollywood, 1934.

The *rhumba* was first brought to the United States by visiting Cuban dance bands, most notably Don Azpiazu's Havana Casino Orchestra. The rhumba was actually an orchestral version of a Cuban dance, the *son,* which was already popular in the Caribbean. (The rhumba had little to do with the drum-based folkloric dance known in Cuba as the *rumba,* although the two spellings were used interchangeably in the U.S.) In America, the rhumba became a mass phenomenon, danced by Latino, African American, and mainstream Anglo-American audiences in ballrooms everywhere.

It was not long before rhumba melodies found their way into jazz compositions. In the early 1930s, Louis Armstrong recorded his version of "Peanut Vendor," a rhumba made popular by Don Azpiazu's orchestra with lead vocalist Antonio Machín. The piece was based on the Cuban tune "El manisero" (The Peanut Vendor), a *son* written by Havana pianist Moisés Simons and inspired by the street vendor's call, "*¡Ma-Ní!*" (Peanuts!)

The Duke Ellington Orchestra recorded "Caravan," a rhumba-based piece by trombonist and composer Juan Tizol. Puerto Rican–born Tizol joined Ellington's band in 1929 and stayed for more than fifteen years. He wrote not only melodies and rhythms influenced by his Caribbean roots but also jazz standards inspired by other "exotic" places. "Caravan" blended the rhumba rhythm with melodic jazz references to North Africa and the Middle East.

No pasó mucho tiempo antes de que las melodías de la *rhumba* emergieran en las composiciones de jazz. A principios de los años treinta, Louis Armstrong grabó su versión de "El manisero", una *rhumba* que fue popularizada por la orquesta de Don Azpiazu, con el cantante principal Antonio Machín. Esta pieza se basaba en la melodía cubana de "El manisero", un son escrito por el pianista habanero Moisés Simons e inspirada por el pregón del vendedor callejero: '*¡Ma-ní!*'.

La Orquesta de Duke Ellington grabó "Caravan", una pieza basada en la *rhumba* escrita por el trombonista y compositor Juan Tizol. Originario de Puerto Rico, Tizol se integró al grupo de Ellington en 1929 y permaneció allí por más de quince años. Escribió no sólo melodías y ritmos influenciados por sus raíces caribeñas sino también otros clásicos del jazz inspirados por otros lugares "exóticos". "Caravan" mezclaba el ritmo de la *rhumba* con alusiones melódicas de jazz inspiradas en el norte de África y el Medio Oriente.

A fines de los años treinta otro estilo de baile latino se convirtió en el último grito de la moda: la conga. Pronto se volvió parte del lenguaje musical popular estadounidense, tocada por Cab Calloway, Noro Morales, la Duke Ellington Orchestra y Alberto Iznaga. Calloway grabó "The Congo-Conga" en 1938, y Ellington lanzó "Conga Brava" y "The Flaming Sword" en 1940.

left: Joe "Tricky Sam" Nanton, Juan Tizol, and Lawrence Brown made up Duke Ellington's famous trombone section, dubbed "God's Trombones," 1933.

izquierda: Joe "Tricky Sam" Nanton, Juan Tizol y Lawrence Brown conformaban la famosa sección de trombones de Duke Ellington, llamada por un crítico admirador "Los trombones de Dios", 1933.

By the late 1930s another Latin dance craze was sweeping the United States: the *conga.* It soon became part of the American pop idiom, played by Cab Calloway, Noro Morales, the Duke Ellington Orchestra, and Alberto Iznaga. Calloway recorded "The Congo-Conga" in 1938, and Ellington released "Conga Brava" and "The Flaming Sword" in 1940.

> ***"When I met Ellington I was playing the tambourine, the maracas sometimes, the claves, and some of my own tunes [on trombone]—you know, Spanish things. [After I joined Ellington's band] I wrote this particular thing . . . they were playing a lot of congas, and he asked me to write something like that. . . . I called it 'Conga Brava.'"*** *Juan Tizol*

The popularity of the rhumba and the conga increased the demand for dance bands fluent in Latin rhythms. One of the favorite bands of the era was led by pianist Noro Morales. Born in Puerto Rico in 1911 to a highly musical family, Morales came to New York in 1935 looking for economic opportunity and found his first job with Alberto Socarrás's Cubanacán orchestra. Three years later, Noro, along with his brothers Humberto, a drummer, and Esy, a flutist, formed the Morales Brothers Puerto Rican Orchestra. They played at New York's toniest nightclubs, including El Morocco, the Stork Club, Copacabana, and La Conga, and at the prestigious Harvest Moon Ball. Morales's orchestra played all kinds of dance music, maintaining a rhythm section that included bongos, claves, and bass, with Noro himself on piano. The band recorded many popular dance tunes of the day. In one of their early

> ***"Cuando conocí a Ellington yo tocaba la pandereta, a veces las maracas, las claves y algunas de mis propias melodías [en el trombón], tú sabes, cosas con influencia latina. [Cuando me integré al grupo de Ellington] escribí eso en particular . . . estaban tocando mucho las congas y me pidió que escribiera algo así . . . le puse 'Conga Brava'".***
> *Juan Tizol*

La popularidad de la *rhumba* y la conga aumentó la demanda de orquestas de baile que dominaran con fluidez los ritmos latinos. Uno de los grupos favoritos de esta época estaba a cargo del pianista Noro Morales. Nacido en Puerto Rico en 1911 en una familia muy musical, Morales llegó a Nueva York en 1935 en busca de oportunidades económicas y encontró su primer empleo con la Orquesta Cubanacán de Alberto Socarrás. Tres años más tarde, Noro, junto con sus hermanos Humberto, un baterista, y Esy, un flautista, formaron la Morales Brothers Puerto Rican Orchestra. Tocaban en los centros nocturnos más elegantes de Nueva York, entre ellos El Morocco, el Stork Club, el Copacabana y La Conga, así como en el prestigioso Harvest Moon Ball. La orquesta de los Morales tocaba todo tipo de música de baile, con una sección rítmica que incluía el bongó, las claves y el contrabajo, con Noro al piano. La orquesta grabó muchas melodías de baile populares de esa época. En una de sus primeras grabaciones, la conga "Con tu negro", Machito figuraba como cantante. El joven Tito Puente tocó la percusión para la orquesta Morales en alguna ocasión.

Noro Morales desarrolló un estilo rítmico particular impulsado por el piano que más tarde influenciaría el estilo de

recordings, the conga "Con tu negro," Machito was featured as vocalist. The young Tito Puente played percussion for the Morales orchestra on occasion.

Noro Morales developed a characteristic piano-driven rhythmic style that would later influence the Latin jazz piano playing of George Shearing, popular in the 1950s and 1960s. Morales recorded numerous covers of Cuban and Puerto Rican tunes, in particular the songs of Rafael Hernández. He also popularized Latin-style renditions of American pop tunes. His version of "Tea for Two" was a big hit in 1947 and 1948, but he justly became known for his own compositions, such as "Walter Winchell Rumba," "Serenata rítmica," "Noro in Rumbaland," "Vitamina," and "Rumbambola."

Alberto Iznaga was another influential Latino musician of the 1930s. He was trained in classical violin at a Havana conservatory, and after completing his studies he landed a job with the Havana Philharmonic. An accomplished musician who also played clarinet and saxophone, Iznaga moved to New York in 1929, where he performed in a variety of orchestras. At the height of the conga dance craze in 1938, he founded La Siboney, an orchestra that featured the newly arrived Machito as its first vocalist. One of Iznaga's tunes, "Going Conga," was recorded by Cab Calloway. Iznaga directed La Siboney on and off until the group disbanded in 1952. After that he played violin for the *charanga* of Gilberto Valdés, and for a while he was musical director of the Katherine Dunham dance troupe.

tocar el piano de jazz latino de George Shearing, popular en las décadas de los cincuenta y sesenta. Morales grabó numerosas versiones de melodías cubanas y puertorriqueñas clásicas, en particular las canciones de Rafael Hernández. También popularizó interpretaciones estilo latino de melodías populares estadounidenses. Su versión de "Tea for Two" fue un gran éxito en 1947 y 1948, pero él fue justamente reconocido por sus propias composiciones, tales como "Serenata rítmica", "Walter Winchell Rhumba", "Noro in Rumbaland", "Rumbambola" y "Vitamina".

Alberto Iznaga fue otro músico latino muy influyente de los años treinta. Recibió su formación en violín clásico en un conservatorio de La Habana y, después de completar sus estudios, consiguió un trabajo con la Filarmónica de La Habana. Un músico de mucho talento que también tocaba el clarinete y el saxofón, Iznaga se mudó a Nueva York en 1929, donde tocó en varias orquestas. En el apogeo de la manía por la conga en 1938, Iznaga fundó la orquesta La Siboney, con la actuación del recién llegado Machito como cantante principal. Una de las melodías de Iznaga, "Going Conga", fue grabada por Cab Calloway. Iznaga dirigió La Siboney, a intervalos hasta que el grupo se desintegró en 1952. Posteriormente hasta tocó el violín para la charanga de Gilberto Valdés, y en una época fue director musical de la compañía de danza de Katherine Dunham.

right: La Conga club brought Caribbean and Latin American dance to a new level of popularity in New York.

derecha: El club La Conga impulsó el baile caribeño y latinoamericano a un nuevo nivel de popularidad en Nueva York.

EARLY HAVANA JAZZ

Like New Orleans, Havana in the nineteenth century was a multicultural port city with a strong Spanish and African heritage. Havana boasted an illustrious operatic tradition, and its hotels and social clubs supported a lively musical environment. For most of the 1800s, the musical exchange between Cuba and the U.S. was essentially one way, with island rhythms traveling to New Orleans and points north.

The Spanish–American War of 1898 changed the direction of cultural influence. The United States occupied Cuba for three years after the war and maintained a quasi-protectorate over the island until 1933. Large amounts of U.S. investment flowed south to Cuba, and many Americans came with it, staying to live and work. The sound of American jazz soon followed, mostly on recordings, and Havana became another place where Caribbean music and jazz could mingle.

A number of musical groups, called *jazzbands* in Cuba, formed all over the island very early in the twentieth century. Whether these groups actually played jazz is not clear. The term *jazzband* merely suggested that a band used the same instruments found in American jazz orchestras, such as saxophones, cornets, and a drum set. The earliest Cuban *jazzband* on record was led by Pedro Stacholy, a musician who had studied in the United States.

In the 1920s, a few American jazz musicians visited the island to play gigs at elite recreational clubs for Americans and well-to-do locals. Soon they were joined by Cuban bands that entertained audiences at the same venues. Hotel and show bands in Havana began to incorporate jazz dances into their repertoires, as the music was much in demand from both tourists and music-oriented Cubans. An educated guess is that these bands, both American and Cuban, played the kind of diluted "society" jazz favored by the likes of the Paul Whiteman Orchestra in the United States around the same time.

LOS ALBORES DEL JAZZ EN LA HABANA

Como Nueva Orléans, La Habana del siglo XIX era un puerto de muchas culturas con un fuerte legado hispano y africano. La Habana hacía alarde de una ilustre tradición de ópera, y sus hoteles y clubes sociales apoyaban un ambiente musical muy vivaz. Durante la mayor parte de los años de 1800, el intercambio musical entre Cuba y los Estados Unidos iba esencialmente en una sola dirección, en la que los ritmos isleños viajaban a Nueva Orléans y a otros puntos del norte.

La Guerra Hispano-Cubana-Americana de 1898 cambió la dirección de la influencia cultural. Estados Unidos ocupó Cuba por tres años después de la guerra y mantuvo a la isla como un cuasiprotectorado hasta 1933. Hubo un flujo de grandes inversiones de Estados Unidos hacia Cuba, y muchos estadounidenses las siguieron y se quedaron a vivir y a trabajar allí. Muy pronto el sonido del jazz estadounidense los siguió, la mayor parte en grabaciones, y La Habana se convirtió en otro lugar donde la música caribeña y el jazz podían entremezclarse.

Un número de grupos musicales, llamados *jazzbands* en Cuba, se formaron por toda la isla en los primeros años del siglo XX. No está del todo claro si estos grupos realmente tocaban jazz. El término *jazzband* sugiere simplemente que el grupo usaba los mismos instrumentos que se encuentran en las orquestas de jazz estadounidenses, tales como los saxofones, las cornetas y las baterías. Los datos más tempranos que se tienen de una *jazzband* cubana fue la dirigida por Pedro Stacholy, un músico que había estudiado en los Estados Unidos.

En los años veinte, unos cuantos músicos de jazz estadounidenses visitaron la isla para dar conciertos en clubes recreativos de la élite, integrada por estadounidenses y gente adinerada del país. Muy pronto se les sumaron grupos cubanos que entretenían al público en los mismos lugares. Las orquestas de los hoteles y los grupos de espectáculos de La Habana comenzaron a incorporar bailes de jazz a sus repertorios, ya que había mucha demanda para esta música tanto por parte de turistas como de cubanos aficionados a la música. Una conjetura hecha con cierta base real indica que estos grupos, tanto estadounidenses como cubanos, tocaban el tipo de jazz de "sociedad", diluído, favorecido por grupos del estilo de la Paul Whiteman Orchestra en los Estados Unidos por la misma época.

above: Moisés Simons (standing at piano) and his *jazzband* on the roof garden of the Plaza Hotel, 1928.

arriba: Moisés Simons (de pie, al piano) y su *jazzband* en la terraza ajardinada del Hotel Plaza, 1928.

opposite: Cuban *jazzband* led by Pedro Stacholy (seated, first from left), c. 1920.

opuesta: *Jazzband* cubana dirigida por Pedro Stacholy (sentado, extremo izq.), c. 1920.

RICO'S CREOLE BAND

In the late 1920s and early 1930s, Cuban saxophonist and clarinetist Filiberto Rico brought a taste of Latin-influenced jazz to Europe. Rico led a band in Paris known as Rico's Creole Band, which included several musicians from Martinique as well as from Cuba. This band played in a style reminiscent of that of New Orleans groups from the early years of the twentieth century. Some of its tunes included improvisation along jazz lines, such as "Tony's Wife," "Mon aimé Doudou Moin," and "Isabelita," and in a number of its recordings the group was joined by Moisés Simons on piano.

RICO'S CREOLE BAND

A fines de los años veinte y principios de los treinta, el saxofonista y clarinetista Filiberto Rico llevó a Europa un jazz con influencias latinas. Rico dirigió a un grupo en París conocido como Rico's Creole Band, que incluía a varios músicos de Martinica y Cuba. Este grupo tocaba con un estilo que recordaba a los grupos de Nueva Orléans de principios del siglo XX. Algunas de las canciones incluían improvisaciones al estilo del jazz, tal como "Tony's Wife", "Mon aimé Doudou Moin" e "Isabelita", y en varias de sus grabaciones el grupo fue acompañado por Moisés Simons al piano.

left: Antonio Machín, Alberto Socarrás, and other musicians played with Don Antobal's orchestra in the 1930s.

izquierda: Antonio Machín, Alberto Socarrás y otros músicos tocaron con la orquesta de Don Antobal en los años treinta.

opposite: Xavier Cugat and his orchestra, with Miguelito Valdés, *Rumba Rumbero.* Tumbao Cuban Classics, recorded 1937 to 1943.

opuesta: Xavier Cugat y su orquesta, con Miguelito Valdés, *Rumba Rumbero.* Tumbao Cuban Classics, grabado de 1937 a 1943.

right: Orquesta de Armando Romeu, Havana, 1930.

derecha: Orquesta de Armando Romeu, La Habana, 1930.

The 1920s also witnessed a surge in popularity of the Cuban musical genre called the *son.* This type of music, which originated in the eastern part of the island, had arrived in the capital city a decade earlier. The *son* combined both Spanish and African elements, and it has been called a marriage of the Spanish guitar with the African drum. During the 1920s, a number of *son* groups, in particular the Habanero, Occidente, and Nacional sextets, succeeded in establishing this appealing dance. A few years later, the *son* would reach the United States and become known as the *rhumba.* The *son* remains closely identified with Cuba and is a source of national pride.

> ***"Cuban musicians listened to the latest jazz on the radio, which transmitted from Chicago, and they acquired records and sheet music through North American musicians."*** *Leonardo Acosta*

By the 1930s, Cuban bands were patterning themselves after big U.S. swing bands, emulating them in format, sound, and presentation. The first Cuban bandleader to embrace the American jazz idiom fully was Armando Romeu, who began his career as a jazz musician in the mid-1920s, playing saxophone and flute for American bands touring the island. In the 1930s he founded his own *jazzband,* which toured throughout Latin America. Romeu's orchestra took up residency at the famed Tropicana club in Havana in 1941, and it remained there for the next twenty-five years. Romeu is considered by many to be the most important Cuban jazz conductor of all time, and a number of his original compositions, including his later tunes "Bop City Mambo" and "Mocambo," are essential to the history of Latin jazz.

A prominent musician both in Havana and later in New York was singer, percussionist, and bass and guitar player

Los años veinte también fueron testigos de un repentino aumento en la popularidad del género musical cubano conocido como el son. Este tipo de música, que se había originado en la parte oriental de la isla, había llegado a la capital una década antes. El son combinaba tanto elementos hispanos como africanos y ha sido llamado el romance de la guitarra española con el tambor africano. Durante los años veinte un número de soneros, en particular los sextetos Habanero, Occidente y Nacional, lograron establecer este sugestivo baile. Unos cuantos años después el son llegaría a los Estados Unidos y se conocería como la *rhumba.* El son sigue siendo identificado estrechamente con Cuba y es una fuente de orgullo nacional.

> ***"Los músicos cubanos escuchaban lo último en jazz por radio, que transmitía desde Chicago, y compraban discos y partituras por medio de músicos norteamericanos".***
> *Leonardo Acosta*

Para los años treinta, los grupos cubanos estaban siguiendo el modelo de las orquestas grandes *(big bands)* de swing, emulándolas en formato, sonido y presentación. El primer director de banda que adoptó por completo el lenguaje musical del jazz estadounidense fue Armando Romeu, quien comenzó su carrera como músico de jazz a mediados de los años veinte, tocando el saxofón y la flauta para grupos estadounidenses que estaban de gira por la isla. En los años treinta estableció su propia *jazzband,* la cual realizó giras por América Latina. La orquesta de Romeu comenzó un período de actuaciones contratadas en el afamado club Tropicana en La Habana en 1941 y permaneció allí por los veinticinco años siguientes. Muchos consideran a Romeu como el director cubano de jazz más importante de todos los tiempos, y un número de sus composiciones originales, entre ellas sus melodías posteriores "Bop City Mambo" y "Mocambo" son esenciales para la historia del jazz latino.

Un destacado músico tanto en La Habana como más tarde en Nueva York fue el cantante, baterista, contrabajista y guitarrista Miguelito Valdés. Después de una previa carrera anterior como boxeador profesional, empezó a tocar con el Sexteto Habanero Infantil a fines de los años veinte. En los años treinta viajó a Panamá para trabajar con orquestas locales y, después de su regreso a Cuba, se convirtió en uno de los fundadores de la muy

Miguelito Valdés. After an early career as a prizefighter, he began playing with the Sexteto Habanero Infantil in the late 1920s. In the 1930s he traveled to Panama to work with local orchestras, and after his return to Cuba he became one of the founders of the very popular *jazzband* Orquesta Casino de la Playa. Valdés sang every style of Cuban music and popularized the tunes of Arsenio Rodríguez. He became most famous for his rendition of "Babalú," which became a huge hit in the Caribbean and in New York. He moved to New York in the early 1940s, working first with Alberto Iznaga's orchestra, later with Xavier Cugat, and eventually with Machito and the Afro-Cubans. In the mid-1940s he led his own orchestra in New York, and he was instrumental in bringing famed drummer Chano Pozo to the United States. Valdés moved to Los Angeles in 1944 and was featured in the 1945 film *Pan Americana* singing "Babalú."

By the late 1930s, some groups were attempting to mix the sounds of jazz with *son*-style rhythmic riffs called *tumbaos.* This happened almost by accident, when musicians familiar with both *son* and jazz participated in spontaneous jam sessions. Because these were informal occasions, they were never recorded. It was not until the 1940s in New York that Mario Bauzá and others, who deliberately set out to combine jazz with Latin rhythms, were successful in this pursuit.

popular *jazzband* Orquesta Casino de la Playa. Valdés cantaba todos los estilos de la música cubana y popularizó las melodías de Arsenio Rodríguez. Se hizo famoso por su interpretación de "Babalú", que se convirtió en un éxito descomunal en el Caribe y Nueva York. Se trasladó a Nueva York a principios de los años cuarenta, trabajando primero con la orquesta de Alberto Iznaga, después con Xavier Cugat, y a la larga con Machito and the Afro-Cubans. A mediados de los años cuarenta dirigía su propia orquesta en Nueva York, y jugó un papel decisivo para traer al afamado percusionista Chano Pozo a los Estados Unidos. Valdés se mudó a Los Ángeles en 1944 y apareció en la película *Pan Americana* de 1945 cantando "Babalú".

Para fines de los años treinta, algunos grupos intentaban mezclar los sonidos del jazz con los *riffs* o frases rítmicas al estilo del son denominados tumbaos. Esto sucedió casi por accidente, cuando los músicos familiarizados tanto con el son como con el jazz participaban en sesiones de improvisación espontáneas. Ya que éstas eran ocasiones informales, nunca fueron grabadas. No fue sino hasta los años cuarenta en Nueva York que Mario Bauzá y otros, quienes deliberadamente se propusieron mezclar el jazz con los ritmos latinos, tuvieron éxito en esta empresa.

SANTIAGO DE CUBA

Long known as the cradle of the *son* and the *bolero,* two of the most popular Cuban music genres, Santiago de Cuba is at the center of a multiethnic region made culturally rich and diverse with the mixture of Spaniards, Indians, Chinese, Africans of various nationalities, French, Lebanese, and other cultural groups. Musicians in Santiago and the United States also exchanged musical ideas. Composers such as Compay Segundo, of Buena Vista Social Club fame, introduced blues chords into their *sones,* creating a style called "influencia." An important *jazzband,* Mariano Mercerón y sus Muchachos Pimienta, was formed in Santiago in the early 1930s. One of their signature tunes, "Negro Ñañamboro," also became part of the repertoire of Machito and the Afro-Cubans in New York.

SANTIAGO DE CUBA

Conocida durante mucho tiempo como la cuna del bolero y el son, dos de los géneros musicales cubanos de mayor popularidad, Santiago de Cuba se encuentra en el centro de una región multiétnica de una gran riqueza y diversidad cultural debida a la mezcla de españoles, indios, chinos, africanos de varias nacionalidades, franceses, libaneses y otros grupos culturales. Los músicos de Santiago y de los Estados Unidos también intercambiaban ideas musicales. Los compositores como Compay Segundo, del afamado Buena Vista Social Club, introdujeron acordes de blues en sus sones, creando un estilo denominado "influencia". Una importante *jazzband,* Mariano Mercerón y sus Muchachos Pimienta, se formó en Santiago a principios de los años treinta. Una de sus melodías clásicas, "Negro Ñañamboro", también llegó a formar parte del repertorio de Machito and the Afro-Cubans en Nueva York.

opposite: *Sextetos Cubanos, Sones 1930.* Arhoolie Productions, 1982. The Septeto Nacional, pictured here in 1938, was one of the most popular groups performing *sones* in the 1920s and 1930s. With several personnel changes, the group survived into the 1990s.

opuesta: *Sextetos Cubanos, Sones 1930.* Arhoolie Productions, 1982. El Septeto Nacional, retratado aquí en 1938, fue uno de los grupos más populares que tocaba sones en los años veinte y treinta. El grupo sobrevivió hasta los años noventa, con varios cambios de personal.

above: Miguelito Valdés with Noro Morales' Orchestra, *Mr. Babalú.* Tumbao Cuban Classics, recorded in New York in 1949 and 1951.

arriba: Miguelito Valdés con la Noro Morales' Orchestra, *Mr. Babalú.* Tumbao Cuban Classics, grabado en Nueva York de 1949 a 1951.

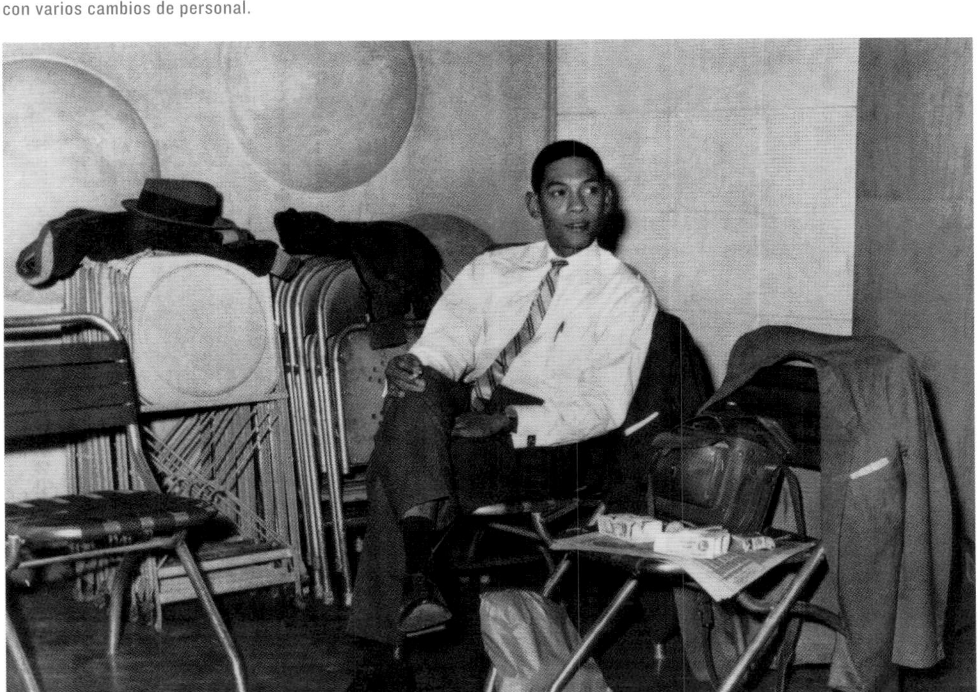

left: Humberto Cané played the tres guitar from 1937 to 1945 for the famed son group La Sonora Matancera.

izquierda: Humberto Cané tocó el tres de 1937 a 1945 para el afamado grupo de son La Sonora Matancera.

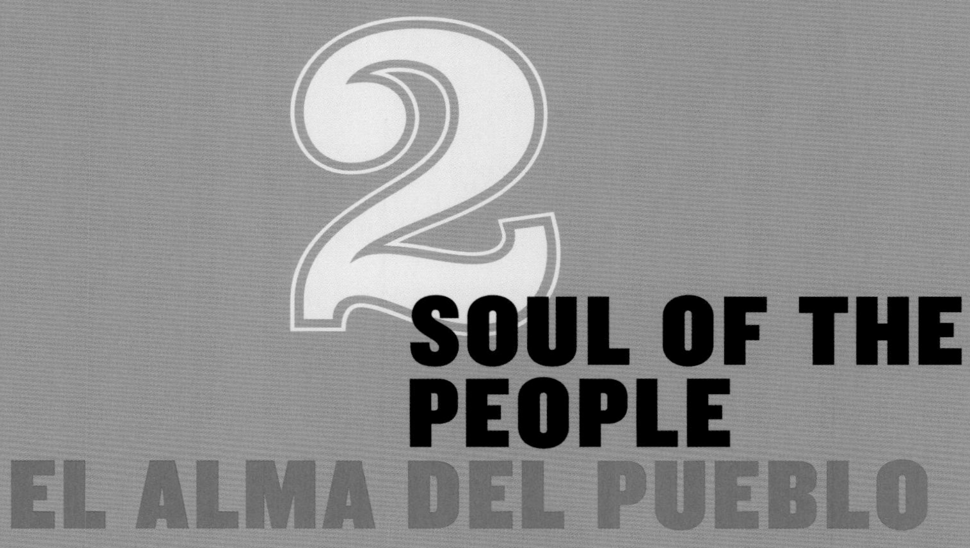

2 SOUL OF THE PEOPLE

EL ALMA DEL PUEBLO

"Music is the soul of the people."

"La música es el alma del pueblo".

José Martí

In the years leading up to 1940, Latin rhythms and melodies migrated to the United States, while at the same time the sounds of American jazz traveled across the Caribbean. Musicians and audiences acquainted themselves with each others' musical idioms as they played and danced to *rhumba,* conga, and big-band swing. All this laid the groundwork for the fusion of jazz and Afro-Cuban music that was to occur in New York City in the 1940s, which brought a completely new musical form to enthusiastic audiences of all kinds.

En los años previos a 1940, las melodías y los ritmos latinos emigraron a los Estados Unidos, mientras al mismo tiempo los sonidos del jazz estadounidense viajaron a través del Caribe. Los músicos y los públicos se familiarizaban con el lenguaje musical de cada uno mientras tocaban y bailaban la rhumba, la conga y el *swing* de las orquestas grandes (*big bands*). Todo esto sentó las bases para la fusión del jazz y la música afrocubana que habría de ocurrir en la ciudad de Nueva York en los años cuarenta, lo cual brindó una forma musical completamente nueva ante públicos entusiastas de toda índole.

left: Mario Bauzá (front row, center), at age nine, with other young music students and instructors, Havana, 1920.

izquierda: Mario Bauzá (fila del medio, al centro), nueve años de edad, con otros estudiantes jóvenes de música y sus maestros, La Habana, 1920.

THE LATIN JAZZ AGE

What set the stage for the emergence of Latin jazz in the 1940s was the integration into jazz orchestras of the actual instruments of traditional Caribbean dance music—conga drums in particular, but also bongos, timbales, güiros, and claves—enabling the sounds of Afro-Cuban percussion to blend successfully with jazz music. Latin jazz, or Afro-Cuban jazz as it was then called, developed in jam sessions as musicians of various backgrounds watched and listened to each other's performances. The dynamic exchange of musical ideas created new rhythms and expanded the improvisational palette of the music.

New York City was the epicenter of the Afro-Cuban jazz explosion. This new sonic creation developed in a variety of social clubs, dance halls, and other hot spots throughout the city. The dance floors and theaters of Harlem and the South Bronx first brought together Caribbean (especially Afro-Cuban) music and jazz. Later, as the music's popularity grew, venues expanded south from Harlem throughout Manhattan and the boroughs beyond.

One important locale was the now world-famous Apollo Theatre. Frank Schiffman purchased the theater in 1935 and began featuring top African American and Caribbean performers. While a few musicians, such as Alberto Socarrás and Alberto Iznaga, were playing Cuban music at the Apollo as early as the 1930s, it was Afro-Cubop in the 1940s and the mambo in the 1950s that brought waves of Spanish Caribbean musicians and spectators into the Apollo fold.

A milestone in the development of Latin jazz was the foundation in 1940 of the orchestra called Machito and the Afro-Cubans, with Mario Bauzá as musical director and Machito as lead singer.

LA ERA DEL JAZZ LATINO

Lo que creó el marco para el surgimiento del jazz latino en los años cuarenta fue la integración a las orquestas de jazz de los instrumentos mismos de la música de baile tradicional caribeña—las congas en particular, pero también el bongó, los timbales, el güiro y las claves—permitiendo que los sonidos de la percusión afrocubana se mezclaran exitosamente con la música de jazz. El jazz latino o jazz afrocubano como se conocía entonces, se desarrolló en sesiones de improvisación cuando los músicos de varias procedencias observaban y escuchaban las actuaciones mutuas. El intercambio dinámico de ideas musicales creó nuevos ritmos y amplió el caudal improvisador de la música.

La ciudad de Nueva York fue el epicentro de la explosión del jazz afrocubano. Esta nueva creación musical se fomentó en una variedad de clubes sociales, salones de baile y otros centros nocturnos. Las pistas de baile y los teatros de Harlem y el sur del Bronx fueron los primeros en conjugar la música caribeña (especialmente la afrocubana) y el jazz. Más tarde, a medida que crecía la popularidad de la música, los escenarios se extendieron al sur desde Harlem hasta Manhattan y los barrios aledaños.

Uno de los lugares de importancia que ahora es famoso mundialmente era el Apollo Theatre. Frank Schiffman compró el teatro en 1935 y comenzó a ofrecer presentaciones de los principales intérpretes afroamericanos y caribeños. Mientras que algunos músicos cubanos, tales como Alberto Socarrás y Alberto Iznaga, ya tocaban música cubana en el Apollo para los años treinta, fueron el Afro-Cubop en los años cuarenta y el mambo en los años cincuenta los que llevaron a oleadas de músicos y de espectadores hispanocaribeños a integrarse al ámbito del Apollo.

previous spread: "Machito" Frank Grillo (far right) and his sister Graciela (far left), Glen Island Casino, New York, 1947. Other musicians: (front, on bongos) José "Buyú" Mangual; (top, l–r) Carlos Vidal, René Hernández, Ubaldo Nieto, Bobby Rodriguez.

página anterior: "Machito" Frank Grillo (extremo derecho) y su hermana Graciela (extremo izquierdo), Glen Island Casino, Nueva York, 1947. Otros músicos: (enfrente, con el bongó) José "Buyú" Mangual; (arriba, de izq-der) Carlos Vidal, René Hernández, Ubaldo Nieto y Bobby Rodriguez.

right: Mario Bauzá in Harlem, c. 1935–36, where he fell in love with jazz.

derecha: Mario Bauzá en Harlem, c. 1935–36, donde se enamoró del jazz.

MARIO BAUZÁ

"When I was sixteen I came to New York City. I played clarinet for the *danzón* band of Antonio María Romeu, which came to record in New York. I went to Harlem . . . when I heard the Charlie Johnson orchestra I said, 'This is what I'm looking for.' Then I heard Coleman Hawkins playing his saxophone with Fletcher Henderson and I said, 'Oh my Lord!' Before I left again for Cuba I bought a saxophone . . . I decided I was going to play saxophone.

"When I went back to Cuba in 1936 to marry Estela, I went to the U.S. embassy to get a visa for my wife. The consul says to me, 'Are you Cuban?' I say, 'Yeah, I'm Cuban.' The consul says, 'You don't sound Cuban.' I say, 'What do you mean I don't sound Cuban?' He says, 'You sound like someone from Harlem.' I told him, 'That's where I learned to speak English.' He says, 'No wonder!'

"When I was back in New York, I paid attention to Machito because he had been a *sonero* in Cuba. He knew that side of the music better than me. He used to explain to me the importance of the clave in the music. I would show him something I had written, and he would say, 'Careful, Mario, careful with the clave there. . . .'"

MARIO BAUZÁ

"Tenía dieciséis años cuando vine a la ciudad de Nueva York. Toqué el clarinete para la orquesta de danzón de Antonio María Romeu, quien vino a grabar a Nueva York. Fui a Harlem . . . cuando escuché la orquesta de Charlie Johnson dije, 'Esto es lo que estoy buscando'. Luego escuché a Coleman Hawkins tocando su saxofón con Fletcher Henderson y me dije, '¡Dios mío!' Antes de regresar a Cuba compré un saxofón . . . decidí que iba a tocar el saxofón".

"Cuando regresé a Cuba en 1936 para casarme con Estela, fui a la embajada americana a sacar una visa para mi esposa. El cónsul me dice: '¿Es usted cubano?' Yo digo: 'Sí, soy cubano'. El cónsul dice: 'No tiene acento cubano'. Yo le digo: '¿Cómo que no tengo acento cubano?' Él dice: 'Tiene acento como alguno de Harlem'. Le dije: 'Allí fue donde aprendí a hablar inglés'. Él dice: '¡Con razón!'"

"Cuando regresé a Nueva York, me fijé mucho en Machito porque él había sido sonero en Cuba. Conocía ese lado de la música mejor que yo. Solía explicarme la importancia de la clave en la música. Le enseñaba algo que había escrito y me decía: 'Cuidado, Mario, cuidado con la clave ahí . . .'"

"Mario Bauzá was an uncommon, exceptional musician . . . because he had immense knowledge of Cuban music, yet he was able to come to the U.S. and play jazz with the best musicians." *Chucho Valdés*

Mario Bauzá was born in Havana in 1911 and was raised by his godparents, Arturo Andrade, a *solfeggio* teacher, and Sofia Domínguez Andrade. He began his music education very early, studying at a Havana conservatory, and at the age of sixteen Bauzá joined the Havana symphony. In the late 1920s, during a visit to New York with the Antonio María Romeu *charanga* for a *danzón* recording date, Bauzá fell in love with jazz. In 1930 he left Cuba with the Don Azpiazu band and settled in New York City, where flutist Alberto Socarrás introduced him to several American jazz musicians. Bauzá played with Noble Sissle, became musical director of Chick Webb's band, and also played with Fletcher Henderson, Don Redman, and Cab Calloway. Bauzá's dream was to bring together two genres—jazz and Cuban music—to produce a new, exciting hybrid.

"One day somebody in the Cab Calloway band made a remark that our sounds, Cuban music, were like hillbilly music . . . that's because the bands that played here were a little of this, a little of that . . . nothing of nothing, they were 'society,' hinky-dink bands . . . so I told him: 'One day you are going to hear my music sound in a band better than Cab Calloway's.'" *Mario Bauzá*

Bandleader "Machito" (Frank Grillo), Mario Bauzá's brother-in-law, was already a well-known Cuban vocalist and maracas player in Havana *son* groups when he came to the United States in the late 1930s. He worked and recorded as a vocalist with Noro Morales, Alberto Iznaga, and Xavier Cugat until he and Bauzá launched the Machito and the Afro-Cubans experiment. Bauzá, Machito, and the Afro-Cubans applied themselves consciously and deliberately to combining the rhythms of Afro-Cuban music with the harmonies, timbres, and cadences characteristic of jazz. Under Bauzá's musical leadership, with arrangements first by John Bartee, sometimes by saxophonist José "Pin" Madera, and later by pianist and arranger René Hernández, Machito and the Afro-Cubans provided the cauldron for a new musical brew to

Un hito en el desarrollo del jazz latino fue el establecimiento en 1940 de la orquesta llamada Machito and the Afro-Cubans, con Mario Bauzá como director musical y Machito como cantante principal.

"Mario Bauzá era un músico singular y excepcional . . . porque poseía inmensos conocimientos de la música cubana y sin embargo fue capaz de venir a los Estados Unidos y tocar jazz con los mejores músicos". *Chucho Valdés*

Mario Bauzá nació en La Habana en 1911 y fue criado por sus padrinos, Arturo Andrade, un maestro de solfeo, y Sofía Domínguez Andrade. Empezó sus estudios musicales a una edad temprana, estudiando en un conservatorio de La Habana, y a los dieciséis años Bauzá ingresó en la Sinfónica de La Habana. A fines de los años veinte, durante una visita a Nueva York con la charanga de Antonio Maria Romeu para una grabación de danzón, Bauzá se enamoró del jazz. En 1930 salió de Cuba con la banda de Don Azpiazu y se trasladó a la ciudad de Nueva York, donde el flautista Alberto Socarrás lo presentó a varios músicos estadounidenses de jazz. Bauzá tocó con Noble Sissle, se convirtió en director musical del grupo de Chick Webb, y también tocó con Fletcher Henderson, Don Redman y Cab Calloway. Bauzá soñaba con juntar dos géneros—el jazz y la música cubana—para producir un nuevo y emocionante híbrido.

"Un día alguien en el grupo de Cab Calloway comentó que nuestro sonido, la música cubana, sonaba como música de rancho . . . era porque los grupos que tocaban aquí eran un poquito de esto, un poquito de aquello . . . nada de nada, eran conjuntos de 'sociedad', insignificantes . . . así que le dije: 'Un día vas a escuchar mi música sonar en un grupo mejor que el de Cab Calloway'". *Mario Bauzá*

El director de banda "Machito" (Frank Grillo), cuñado de Mario Bauzá, ya era un conocido cantante y maraquero cubano en grupos de son de La Habana cuando llegó a los Estados Unidos a fines de los años treinta. Trabajó y grabó como vocalista con Noro Morales, Alberto Iznaga y Xavier Cugat, hasta que él y Bauzá lan-

right: Graciela, *Esa Soy Yo, Yo Soy Así*. Mericana Records, 1974.

derecha: Graciela, *Esa Soy Yo, Yo Soy Así*. Mericana Records, 1974.

below: Graciela playing clave.

abajo: Graciela con las claves.

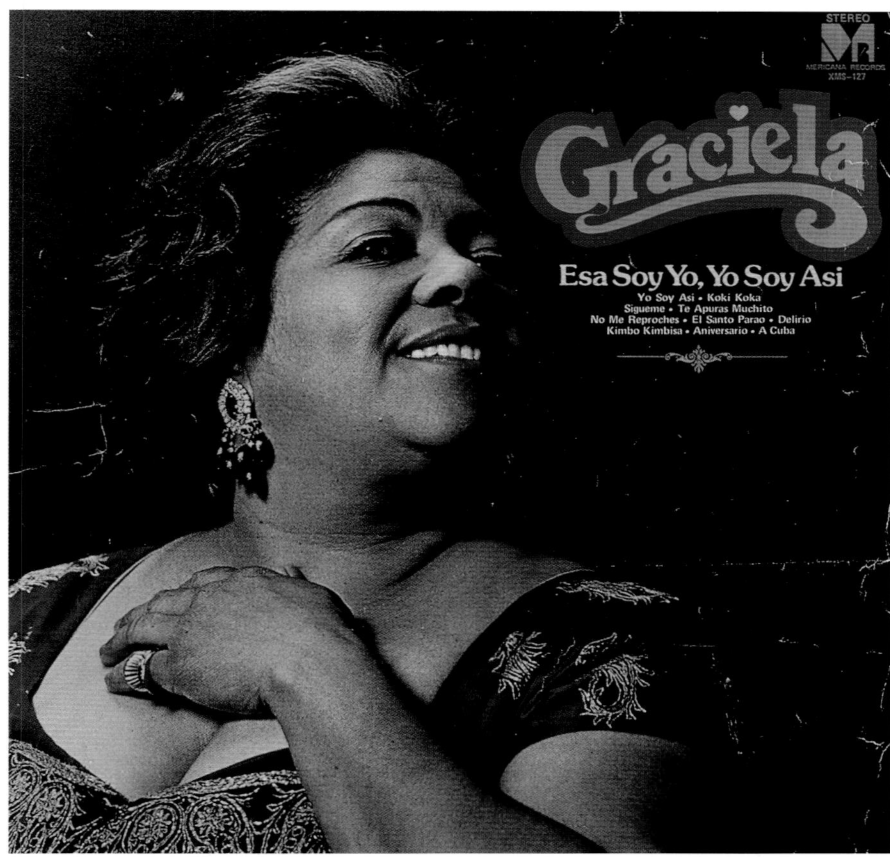

CLAVE

In Spanish, the word "clave" means key or code. In the terminology of Cuban music, it usually refers to a five-stroke, rhythmic pattern over two bars, which is the basis of much of Cuban music, and by extension, of salsa and Latin jazz. Although there are many variations, the most common 3-2 pattern is called the *son clave,* or just clave. This basic pattern is often played on two round, polished sticks called the claves.

"If you know clave, then it's very uncomfortable when someone you play with is not in clave. It looks like nothing, but those two little sticks . . . wow! That's the foundation of your house."
Cándido Camero

LA CLAVE

En la terminología de la música cubana, la clave por lo general se refiere a un patrón rítmico de cinco golpes en dos compases, lo que constituye la base de gran parte de la música cubana, y por ende, de la salsa y el jazz latino. Aunque hay muchas variaciones, el patrón más común de 3-2 es conocido como la clave de son o simplemente la clave. Este patrón básico se toca a menudo con dos palos redondos y pulidos llamados las claves.

"Si conoces la clave, entonces es muy incómodo cuando alguien con quien tocas no está en clave. No parece gran cosa, pero esos dos palitos . . . ¡caramba! Son los cimientos de tu casa".
Cándido Camero

left: Graciela Grillo (third from right) with Las Anacaonas and Alberto Socarrás (top), 1938.

izquierda: Graciela Grillo (tercera de la der.) con Las Anacaonas y Alberto Socarrás (arriba), 1938.

below: José "Buyú" Mangual, Graciela, and Machito, New York, 1940s.

abajo: José "Buyú" Mangual, Graciela y Machito, Nueva York, años cuarenta.

GRACIELA

"When we came to New York with the all-women Anacaonas orchestra, the bass player didn't come because her husband did not want her to travel. So Alberto Socarrás, who had been put in charge of the rehearsals, grabbed me and tried to show me how to play the bass. I had played banjo before, but I had difficulty, because it didn't seem natural the way you have to get the low notes and high notes, it's like . . . backwards. Anyway, we opened at the Ambassador. The bassist of the other orchestra that was playing there told Alberto Socarrás, 'You know, that young girl, she has a very odd technique for playing her bass.' Socarrás told him, 'Well, you know, she learned in Cuba from this very old musician, and that's the way he played.'

"When we went to Japan in 1962 with the Machito orchestra, one night Mario Bauzá told me to go to this club in the Ginza, to hear a Japanese woman sing. So I went, and just as I was coming in she started to sing. I was amazed—she was singing 'Siboney' in perfect Spanish, and she sounded just like me, it was a perfect imitation!"

GRACIELA

"Cuando vinimos a Nueva York con la orquesta femenil Anacaonas, la que tocaba el contrabajo no vino porque su esposo no quería que viajara. Así que Alberto Socarrás, a quien habían puesto a cargo de los ensayos, me pescó y trató de enseñarme cómo tocar el contrabajo. Yo había tocado el banjo antes, pero se me dificultaba, porque no parecía natural la manera en que tienes que sacar las notas bajas y altas es como . . . al revés. De todas maneras, abrimos en el Ambassador. El contrabajista de otra orquesta que estaba tocando ahí le dijo a Alberto Socarrás: 'Sabes qué, esa muchacha, tiene una técnica muy rara para tocar el contrabajo'. Socarrás le dijo: 'Tú sabes, aprendió en Cuba con este músico viejo y así es cómo él tocaba'".

"Cuando fuimos a Japón en 1962 con la orquesta de Machito, una noche Mario Bauzá me dijo que fuera a este club en Ginza, para escuchar a una japonesa cantar. Así que fui y, justo cuando estaba entrando, ella empezó a cantar. Me sorprendió mucho, estaba cantando 'Siboney' en un español perfecto, y sonaba tal como yo, ¡era una imitación perfecta!"

right: Arranger and composer Arturo "Chico" O'Farrill with Count Basie.

derecha: El arreglista y compositor Arturo "Chico" O'Farrill con Count Basie.

develop. The most successful early fruit of this labor was the tune "Tanga," which was played for the first time in 1943. Inspired by the beginning bars of the popular Cuban tune "El botellero" (The Bottlemaker), "Tanga" sounded like jazz, but of a kind never before heard. The horns employed typical jazz phrasing without clashing with the authentic Cuban rhythms laid out by the piano, percussion, and bass. "Tanga" is considered by many to be the first true example of Latin jazz, and it thrilled audiences to the point that Bauzá made it the band's signature song.

> ***"When Gustavo [Mas] and I were in New York and we heard the Machito orchestra for the first time, it knocked the breath out of me. It was the first time I heard Afro-Cuban music with a touch of jazz . . . so intense . . . like a big band sound with harmonies, I was dumbfounded."***
> *Chico O'Farrill*

While Machito worked with Bauzá to develop Latin jazz, he was also playing straight-ahead Cuban dance music and featuring his sister, Graciela Grillo, singing romantic Latin American *boleros.* The vocalist for the Afro-Cubans for more than thirty years, Graciela had joined the all-women Anacaonas Cuban orchestra in 1932 and traveled to Europe for a two-month stint (directed by Alberto Socarrás) in 1938. In 1943 she migrated to the United States and joined her brother's band as a vocalist. Cuban composer Arturo "Chico" O'Farrill arranged *boleros* for her to sing. With O'Farrill's guidance and backed up by a superb band, Graciela, by all accounts, turned the Cuban *bolero* into another vehicle for jazz expression. Thus, both the slowest and the fastest of Cuban rhythms (the *bolero* and the mambo) were thrown into the ongoing process of blending Caribbean music and jazz.

zaron el experimento de Machito and the Afro-Cubans. Bauzá, Machito y los Afro-Cubans se dedicaron concienzuda y deliberadamente a combinar los ritmos de la música afrocubana con las armonías, los timbres y las cadencias características del jazz. Bajo el liderazgo musical de Bauzá, con arreglos primero de John Bartee, a veces del saxofonista José "Pin" Madera, y más tarde por el pianista y arreglista René Hernández, Machito and the Afro-Cubans prepararon el caldero para la creación de un nuevo brebaje musical. El fruto más célebre de esta labor inicial fue la melodía "Tanga", tocada por primera vez en 1943. Inspirada por los primeros compases de la conocida canción "El botellero", "Tanga" sonaba a jazz, pero de un tipo jamás antes escuchado. Los instrumentos metálicos de viento usaban el fraseo típico del jazz pero sin chocar con los auténticos ritmos cubanos trazados por el piano, las percusiones y el contrabajo. Muchos consideran a "Tanga" como el primer ejemplo verdadero del jazz latino, y entusiasmaba tanto al público que Bauzá la convirtió en la canción por excelencia del grupo.

> ***"Cuando Gustavo [Mas] y yo estábamos en Nueva York y escuchamos a la orquesta de Machito por primera vez, me quedé sin aire. Era la primera vez que escuchaba música afrocubana con un toque de jazz . . . tan intenso . . . como el sonido de una orquesta grande con armonías, me quedé mudo".*** *Chico O'Farrill*

Arrangements and compositions by Chico O'Farrill would influence the sounds of both jazz and Latin jazz. In the late 1940s, Mario Bauzá introduced him to arranger Gil Fuller, who hired O'Farrill to do a number of arrangements under Fuller's name. O'Farrill eventually became the arranger for Count Basie and for Benny Goodman, and he wrote Latin jazz suites and compositions, including "The Afro-Cuban Suite" for producer Norman Granz and "Manteca Suite" for Dizzy Gillespie.

The sound of Machito and the superb musicianship of the band's personnel (which included, for a time, a young *timbalero* named Tito Puente) impressed the community of American jazz musicians in New York City. Machito and the Afro-Cubans was, in the words of Dizzy Gillespie's bassist Al McKibbon, "a really hip New York band." Pianist and bandleader Stan Kenton was so taken by Machito that he began to experiment with mixing his big-band sound with Afro-Cuban percussion. Kenton recorded the tune "Machito" in February 1947 in honor of the Cuban bandleader. Later that year the Stan Kenton Orchestra recorded "The Peanut Vendor," "Cuban Carnival," and "Bongo Riff" with the rhythm section from Machito's band augmented by Chicagoan Jack Costanzo on bongos.

"Kenton introduced himself . . . he heard us play 'Tanga' and asked what type of rhythm it was. I told him we called it 'rumbita,' a rhumba jam. He came back a few days later with his arranger Pete Rugolo and both asked Mario Bauzá and René Hernández questions about Cuban music." *Machito*

Mientras Machito trabajaba con Bauzá para desarrollar el jazz latino, también estaba tocando música cubana de baile pura y presentando a su hermana, Graciela Grillo, cantando boleros románticos latinoamericanos. La cantante de los Afro-Cubans por más de treinta años, Graciela se había integrado a la orquesta femenil Anacaonas en 1932 y realizado una gira por Europa de dos meses (dirigida por Alberto Socarrás) en 1938. En 1943 emigró a los Estados Unidos y se unió al grupo de su hermano como vocalista. El compositor cubano Arturo "Chico" O'Farrill hizo arreglos de boleros para que ella los cantara. Bajo la tutela de O'Farrill y el acompañamiento de una orquesta sensacional, Graciela, al decir de todos, convirtió el bolero cubano en otro vehículo para la expresión del jazz. De esta manera, tanto el más lento como el más rápido de los ritmos cubanos (el bolero y el mambo) fueron lanzados al proceso en marcha de la mezcla de la música caribeña y del jazz.

Los arreglos y las composiciones de Chico O'Farrill influenciarían los sonidos tanto del jazz como del jazz latino. A fines de los años cuarenta, Mario Bauzá lo presentó con el arreglista Gil Fuller, quien contrató a O'Farrill para que hiciera varios arreglos a nombre de Fuller. Con el tiempo, O'Farrill se convirtió en el arreglista de Count Basie y de Benny Goodman, y escribió suites y composiciones de jazz latino, entre ellas "The Afro-Cuban Suite" para el productor Norman Granz y "Manteca Suite" para Dizzy Gillespie.

El sonido de Machito y la espléndida maestría musical del personal del grupo (que incluyó, por una época, al joven timbalero llamado Tito Puente) impresionó a la comunidad de músicos estadounidenses de jazz de la ciudad de Nueva York. Machito and the Afro-Cubans era, en palabras del contrabajista de Dizzy Gillespie, Al MacKibbon, "un grupo neoyorquino de lo más chévere". El

left: Recording session of "Manteca Suite" with Luis Miranda, Antar Daly, Ubaldo Nieto, José "Buyú" Mangual, Cándido, and Dizzy Gillespie, New York, 1954.

izquierda: Sesión de grabación de "Manteca Suite" con Luis Miranda, Antar Daly, Ubaldo Nieto, José "Buyú" Mangual, Cándido y Dizzy Gillespie, Nueva York, 1954.

pianista y director de banda Stan Kenton quedó tan entusiasmado con Machito que comenzó a experimentar con la mezcla de su sonido de orquesta grande con las percusiones afrocubanas. Kenton grabó la tonada "Machito" en febrero de 1947 en honor al director de banda cubano. Posteriormente ese año la orquesta de Stan Kenton grabó "The Peanut Vendor", "Cuban Carnival" y "Bongo Riff" con la sección rítmica del grupo de Machito aumentada por el bongó de Jack Costanzo, oriundo de Chicago.

"Kenton se presentó . . . nos oyó tocar 'Tanga' y preguntó que qué tipo de ritmo era ese. Le dije que le llamábamos 'rumbita', una improvisación de rumba. Regresó después de unos días con su arreglista Pete Rugolo y ambos le hicieron preguntas a Mario Bauzá y René Hernández sobre la música cubana". *Machito*

above: Stan Kenton, c. 1945.

arriba: Stan Kenton, c. 1945.

right: Stan Kenton, *Cuban Fire!* Capitol Records, 1957.

derecha: Stan Kenton, *Cuban Fire!* Capitol Records, 1957.

left: Dizzy Gillespie (right) with drummer Chano Pozo (center) and James Moody (left), New York, 1948.

izquierda: Dizzy Gillespie (derecha) con el percusionista Chano Pozo (al centro) y James Moody (izq.), Nueva York, 1948.

BOP GOES LATIN

A brash young group of artists looking to push jazz in new directions began to experiment with a radical new approach. Often played at speeds beyond the skills of most performers, the new sound, "bebop," became the proving ground for young New York jazz musicians. Its foremost practitioners were Charlie Parker, Bud Powell, and John Birks "Dizzy" Gillespie, who of the three was destined to become a major force in the development of Latin jazz.

Bebop, with its lightning tempo and cerebral approach, shifted jazz away from its original function as dance music, making it less popular with general audiences. When bebop master Dizzy Gillespie merged Afro-Cuban dance rhythms with elements of bebop and traditional jazz improvisation, he created a new, danceable music that was christened "Cubop."

Dizzy Gillespie left South Carolina in 1935 at the age of eighteen, armed with a solid music education, particularly on trumpet. After a brief stay in Philadelphia, he reached his ultimate destination of New York City. By 1937 he was playing with the Teddy Hill Orchestra at the Savoy Ballroom, and he accompanied Hill on his first European tour. In 1939, through his friendship with Mario Bauzá, Gillespie secured a place in the trumpet section of Cab Calloway's band, with which Bauzá was playing at the time. Through occasional work in the Alberto Socarrás and Alberto Iznaga Cuban orchestras, Gillespie became familiar with, and very interested in, Cuban music. By 1946 Dizzy Gillespie was leading his own band, and he asked his friend Bauzá to recommend a conga drummer. Bauzá suggested a newly arrived Cuban

EL BOP SE VUELVE LATINO

Un temerario grupo de artistas jóvenes que buscaban impulsar el jazz en nuevas direcciones empezaron a experimentar con una propuesta radicalmente nueva. El nuevo sonido, el *bebop,* a menudo tocado a velocidades muy por encima de la capacidad de la mayoría de los intérpretes, se convirtió en la prueba de fuego para los jazzistas jóvenes de Nueva York. Sus proponentes más destacados eran Charlie Parker, Bud Powell y John Birks "Dizzy" Gillespie, quien de los tres estaba destinado a convertirse en una fuerza mayor en el desarrollo del jazz latino.

El bebop, con su tempo acelerado y su enfoque cerebral, dio un viraje al jazz y a su función original como música de baile e hizo que fuera menos popular con el público en general. Cuando el maestro del bebop, Dizzy Gillespie, combinó ritmos de baile afrocubano con elementos del bebop y la improvisación tradicional del jazz, creó una nueva música bailable, la cual bautizó como "Cubop".

Dizzy Gillespie salió de Carolina del Sur en 1935 a los dieciocho años de edad, provisto de una sólida educación musical, particularmente en la trompeta. Después de una breve estancia en Filadelfia, alcanzó su último destino en la ciudad de Nueva York. Para 1937 estaba tocando con la orquesta de Teddy Hill en el Savoy Ballroom y acompañó a Hill en su primera gira europea. En 1939, por medio de su amistad con Mario Bauzá, Gillespie consiguió un lugar en la sección de trompetas de la orquesta de Cab Calloway, con quien Bauzá tocaba al momento. A través de trabajo eventual con las orquestas cubanas de Alberto Socarrás y de Alberto Iznaga, Gillespie se familiarizó con la música cubana y se interesó mucho en ella. Para 1946 Dizzy Gillespie dirigía su propio grupo y le pidió a su amigo Bauzá que le recomendara a un tumbador. Bauzá le recomendó a un músico cubano recién llegado, Chano Pozo. Cuando Chano se unió a la orquesta grande de Dizzy Gillespie, el jazz afrocubano había alcanzado una etapa decisiva.

right: Dizzy Gillespie, Chicago, 1950.

derecha: Dizzy Gillespie, Chicago, 1950.

left: *Gene Norman Presents Dizzy Gillespie and His Orchestra, Featuring Chano Pozo.* Recorded at the Pasadena Civic Auditorium. GNP Crescendo Records, 1948.

izquierda: *Gene Norman Presents Dizzy Gillespie and His Orchestra, Featuring Chano Pozo.* Grabado en el Pasadena Civic Auditorium. GNP Crescendo Records, 1948.

musician, Chano Pozo. When Chano joined the Dizzy Gillespie big band, Afro-Cuban jazz reached a pivotal stage.

In Cuba, Chano Pozo was a successful dancer, conga player, and composer. He was a leading figure in the annual Havana carnivals as a dancer and choreographer, and he once played American-style jazz in a quartet. His compositions, such as "Nagüe," "Blen, Blen, Blen," and "Pin, Pin," were immensely popular in Cuba, and several were played and recorded by other Havana bands and by Machito and Xavier Cugat in New York. At the invitation of Cuban vocalist Miguelito Valdés, who had worked in the United States since the late 1930s, Chano Pozo ventured to New York in 1946. He worked with the Katherine Dunham dance troupe, and he recorded with Machito and Cuban composer and *tres* player Arsenio Rodríguez. In the Dizzy Gillespie band, his conga playing mesmerized audiences in New York, Los Angeles, and several European countries. With a conga drum strapped over his shoulder, Chano would play, dance, and intone melodies in Lucumí (a creolized Yoruba language used in Cuba) and Abakuá (another African language used by a secret, males-only society of the island). Pozo's drumming and singing in Yoruba Lucumí can be heard in the Gillespie recording of "Cubano Be, Cubano Bop."

> ***"When we started to play things with a Latin flavor in the Dizzy Gillespie band some kind of magic happened . . . things like 'Woody 'n You,' 'Night in Tunisia,' they were marvelous with the conga drum . . . and when we played 'Cubano Be, Cubano Bop' and 'Manteca' at the Apollo I thought the balcony was going to fall off the hinges . . . because Chano was really brilliant!"*** *Al McKibbon*

En Cuba, Chano Pozo era un bailarín, tumbador y compositor de gran éxito. Era una figura destacada de los carnavales anuales de La Habana como bailarín y coreógrafo, y alguna vez tocó jazz estilo americano con un cuarteto. Sus composiciones, tales como "Nagüe", "Blen, Blen, Blen" y "Pin, Pin", eran inmensamente populares en Cuba, y varias de ellas eran tocadas y grabadas por otros grupos habaneros, y por Machito y Xavier Cugat en Nueva York. A instancias del cantante cubano Miguelito Valdés, quien había trabajado en los Estados Unidos desde fines de los años treinta, Chano Pozo se aventuró a Nueva York en 1946. Trabajó por poco tiempo con la compañía de danza de Katherine Dunham, y grabó con Machito y con el compositor cubano y tresero Arsenio Rodríguez. En la orquesta de Dizzy Gillespie, la manera en que tocaba la conga cautivó a los públicos de Nueva York, Los Ángeles y varios países europeos. Con la conga amarradas al hombro, Chano tocaba, bailaba y entonaba melodías en lucumí (una lengua yoruba criolla que se usa en Cuba) y abakuá (otra lengua africana usada por una sociedad secreta, exclusivamente masculina, de la isla). Los tambores y cantos de Pozo en yoruba lucumí se pueden escuchar en la grabación de Gillespie "Cubano Be, Cubano Bop".

> ***"Cuando empezamos a tocar cosas con un sabor latino en el grupo de Dizzy Gillespie ocurrió una especie de magia . . . cosas como "Woody 'n You", "Night in Tunisia", eran maravillosas con las congas . . . y cuando tocamos 'Cubano Be, Cubano Bop' y 'Manteca' en el Apollo creí que la platea alta se iba a caer con todo y bisagras . . . ¡porque Chano realmente estuvo fenomenal!"*** *Al McKibbon*

below: Chano Pozo, New York, 1940s.

abajo: Chano Pozo, Nueva York, años cuarenta.

I SEE CHANO POZO

by Jayne Cortez

A very fine conga of sweat
a very fine stomp of the right foot
a very fine platform of sticks
a very fine tube of frictional groans
a very fine can of belligerent growls
a very fine hoop of cubano yells
very fine very fine

Is there anyone finer today olé okay
Lucumi Abakwa Lucumi Abakwa
Oye
I see Chano Pozo
Chano Pozo from Havana Cuba

Oye I say
Chano
what made you roar like a big brazos flood
what made you yodle like a migrating frog
what made you shake like atomic heat
what made you jell into a ritual pose
Chano Chano Chano
what made your technology of thumps so
 new so mean
I say
is there anyone meaner than Chano Pozo
 from Havana Cuba

Olé okay
Is there anyone finer today
Oye I say
did you hear
Mpintintoa smoking in the palm of his hands
did you hear
Ilya Ilu booming through the cup of his clap
did you hear
Ntenga sanding on the rim of his rasp
did you hear
Siky Akkua stuttering like a goat sucking hawk
did you hear
Batá crying in nago tongue
did you hear
Fontom from speaking through the skull of a dog
did you hear it did you hear it did you hear it

A very fine tree stump of drones
a very fine shuffle of shrines
a very fine turn of the head
a very fine tissue of skin
a very fine smack of the lips
a very fine pulse
a very fine encuentro
very fine very fine very fine
Is there anyone finer than
Chano Pozo from Havana Cuba
Oye I say
I see Chano Pozo

VEO A CHANO POZO

por Jayne Cortez

Una muy fina conga de sudor
una muy fina pisotada derecha
una muy fina plataforma de palos
una muy fina caña de gemidos friccionantes
una muy fina lata de gruñidos beligerantes
una muy fina argolla de gritos cubanos
muy fina muy fina

Hay alguien más fino hoy olé *okey*
Lucumí Abakuá Lucumí Abakúa
Oye
Veo a Chano Pozo
Chano Pozo de La Habana Cuba

Oye digo
Chano
qué te hizo rugir como grandes brazos
 desbordados
qué te hizo gorgear como una rana migrante
qué te hizo zarandearte como calor atómico
qué te hizo cuajarte en pose ritual
Chano Chano Chano
qué hizo tu técnica de golpes tan nueva tan
 genial digo
hay alguien más genial que Chano Pozo
 de La Habana Cuba

Olé *okey*
Hay alguien mejor hoy
Oye digo
escuchaste
Mpintintoa ardiendo en la palma de sus manos
escuchaste
Ilya Ilu resonando en el hueco de su palmada
escuchaste
Ntenga lijando el borde de su aspereza
escuchaste
Siky Akkua tartamudeando como una cabra
 chupando halcón
escuchaste
Batá gritando en lengua nago
escuchaste
Fontom de estar hablando a través del cráneo
 de un perro
lo escuchaste lo escuchaste lo escuchaste

Un muy fino tocón de zánganos
un muy fino barajar de santuarios
un muy fino giro de la cabeza
un muy fino tejido de piel
un muy fino chasquido de los labios
un muy fino pulso
un muy fino encuentro
muy fino muy fino muy fino
Hay alguien más fino que
Chano Pozo de La Habana Cuba
Oye digo
Veo a Chano Pozo

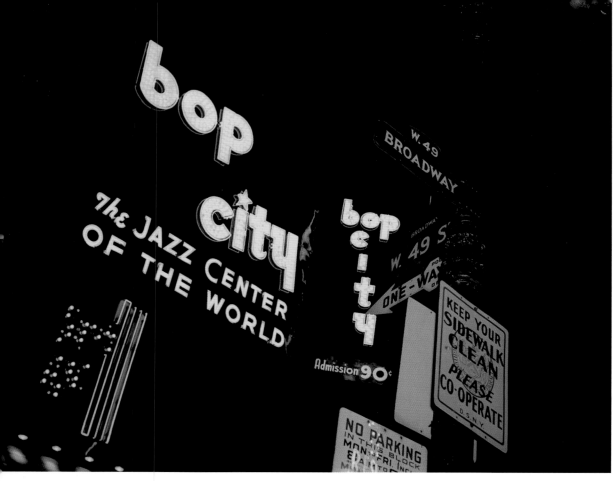

left: Dizzy Gillespie, Machito, and others performed at Bop City, New York, 1953.

izquierda: Dizzy Gillespie, Machito y otros tocaron en el Bop City, Nueva York, 1953.

opposite: New York's Royal Roost was one of the earliest clubs on Broadway for beboppers, mid-1940s.

opuesta: El Royal Roost de Nueva York fue uno de los primeros clubes de Broadway para los aficionados al bebop, mediados de los años cuarenta.

right: Bop City, New York, 1950s.

derecha: Bop City, Nueva York, años cincuenta.

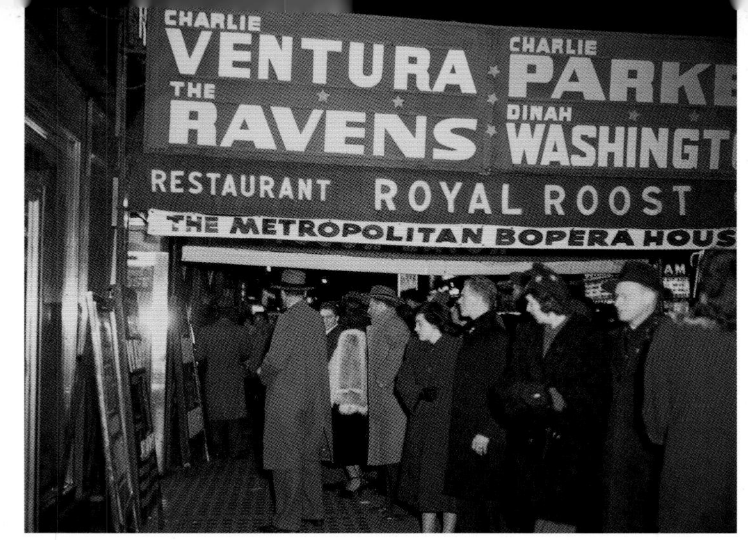

In collaboration with Gillespie, Chano Pozo wrote the tune "Manteca" in 1947, which became an instant success and jazz standard. Many consider "Manteca" the best fusion of jazz and Afro-Cuban music to date, and a defining milestone, after which it was clear that a new genre had been established.

Chano Pozo's musical career was cut short when he was killed by a gunman at a Harlem bar in December 1948, but his collaboration with Dizzy Gillespie had transformed jazz, and after his death Pozo became a legend of Cuban music and Latin jazz.

It is clear that, from the beginning, Latin jazz appeared in various forms and manifestations. Mario Bauzá explained what he thought to be the difference between his music and that of Dizzy Gillespie.

> ***"Dizzy and I approached Afro-Cuban music in slightly different ways. What I did first, and always, was to put in the bass line and the piano line from the Cuban traditional style. Dizzy didn't do that. His strong point was . . . he was one of the creators of bebop, so that was his basis . . . and to that he added a conga drum in there. . . . Some of our numbers may sound close but that is the difference between Dizzy's approach and mine."*** *Mario Bauzá*

After the Dizzy Gillespie–Chano Pozo collaboration, a new world opened up for Latin jazz artists. Machito and the Afro-Cubans performed regularly at jazz clubs such as the Royal Roost, Bop City, and Birdland, where they alternated Cuban dance music with sets in which Charlie Parker and other top jazz soloists would sit in. Parker recorded numerous tunes with the Machito orchestra in 1948 and 1949, including a remarkable Latin jazz version of Gilberto Valdés's song "Mango Mangüe."

En colaboración con Gillespie, Chano Pozo escribió la melodía "Manteca" en 1947, la cual se convirtió en un éxito instantáneo y en un clásico del jazz. Muchos consideran "Manteca" como la mejor fusión del jazz y la música afrocubana a la fecha, algo que hizo época, después de lo cual fue obvio que se había establecido un nuevo género.

La carrera musical de Chano Pozo se vio interrumpida cuando un pistolero lo asesinó en un bar de Harlem en diciembre de 1948, pero su colaboración con Dizzy Gillespie había transformado el jazz, y después de su muerte Pozo se convirtió en una leyenda de la música cubana y el jazz latino.

Es evidente que, desde un principio, el jazz latino apareció en varias formas y manifestaciones. Mario Bauzá explicó lo que él creía que era la diferencia entre su música y la de Dizzy Gillespie:

> ***"Dizzy y yo teníamos un enfoque de la música afrocubana que difería un poco de varias maneras. Lo que hice primero y siempre, fue poner la línea del contrabajo y la línea del piano del estilo tradicional cubano. Dizzy no hacía eso. Su punto fuerte era . . . que él había sido uno de los creadores del bebop, así que ésa era su base . . . y a eso le agregaba unas congas allí . . . Algunos de nuestros números pueden sonar parecidos pero ésa es la diferencia entre el enfoque de Dizzy y el mío".*** *Mario Bauzá*

Después de la colaboración entre Dizzy Gillespie y Chano Pozo se abrió un nuevo mundo para los artistas del jazz latino. Machito and the Afro-Cubans tocaban con regularidad en clubes de jazz tales como el Royal Roost, el Bop City y el Birdland, donde alternaban música de baile cubana con tandas en las que Charlie Parker y otros solistas de jazz muy destacados estaban presentes. Parker grabó numerosas melodías con la orquesta de Machito en 1948 y 1949, incluso una versión sobresaliente de jazz latino de la canción de Gilberto Valdés "Mango Mangüe".

MAMBO MANIA

While bebop was revolutionizing jazz, Cuban music was undergoing its own transformation. The mambo first appeared in Cuba in the mid-1940s and soon became an international phenomenon. From the mid-1940s to the mid-1950s, dancing the mambo was the rage all over the United States, and in New York the top three Latin music bands—those of Machito, Tito Puente, and Tito Rodríguez—played mostly mambos for dancing at the Palladium and other venues. The mambo was the most popular Latin rhythm in the States when Cubop was born. When Cubop performers such as Dizzy Gillespie blended Latin rhythms with bebop, a rhythm they often used was the fast and danceable mambo.

> ***"The mambo is the biggest exotic dance craze to sweep the country in a quarter of a century. Not since the rhumba of the late '20s has any dance found Americans so responsive to an importation as to this Afro-Cuban rhythm."***

This particular variant of Cuban dance music began to emerge in the early 1940s under the influence of two important Cuban musicians, Israel "Cachao" López and Arsenio Rodríguez. Cachao developed a new syncopated style of playing the *danzón,* while Arsenio Rodríguez changed the format of Cuban *son* groups by adding the conga drum and assigning one percussionist (the *bongosero*) double duty on bongos and cowbell. With this change Rodríguez established the rhythm section that would become standard for playing Latin jazz and later salsa. Others who contributed to this process were pianists Dámaso Pérez Prado, Bebo Valdés, and René Hernández.

LA MANÍA DEL MAMBO

Mientras el bebop estaba revolucionando el jazz, la música cubana estaba sufriendo sus propios cambios. El mambo apareció por primera vez en Cuba a mediados de los años cuarenta y pronto se convirtió en un fenómeno internacional. Desde mediados de los cuarenta a mediados de los cincuenta, bailar el mambo era la sensación por todo Estados Unidos, y en Nueva York las tres orquestas latinas principales—aquéllas de Machito, Tito Puente y Tito Rodríguez—tocaban en su mayoría mambos para bailar en el Palladium y otros lugares. El mambo era el ritmo latino más popular en los Estados Unidos cuando nació el Cubop. Cuando los intérpretes del Cubop tales como Dizzy Gillespie mezclaban ritmos latinos con el bebop, el ritmo que usaban con frecuencia era el rápido y bailable mambo.

> ***"El mambo es la sensación de baile exótico más grande que arrasara el país en un cuarto de siglo. Desde la rhumba a fines de los años veinte, no ha habido un baile que haya evocado tal respuesta de los estadounidenses a un producto de importación como a este ritmo afrocubano".***

Esta variante particular de la música de baile cubana comenzó a surgir a principios de los años cuarenta bajo la influencia de dos importantes músicos cubanos, Israel "Cachao" López y Arsenio Rodríguez. Cachao desarrolló un nuevo estilo sincopado de tocar el danzón, mientras Arsenio Rodríguez cambió el formato de los grupos de son cubano al agregar las congas y al asignar a un percusionista (el bongosero) función doble en el bongó y en el cencerro. Con este cambio, Rodríguez estableció la sección rítmica que se convertiría en la norma para tocar jazz latino y posteriormente salsa. Otras personas que contribuyeron a este proceso fueron los pianistas Dámaso Pérez Prado, Bebo Valdés y René Hernández.

Un pianista muy dotado de Matanzas, Cuba, Dámaso Pérez Prado empezó a experimentar con timbres y arreglos insólitos a principios de los años cuarenta. Cuando estuvo en México a

opposite: César Concepción Orchestra at the Palladium, "Home of the Mambo," New York, 1950s.

opuesta: La Orquesta de César Concepción en el Palladium, "La casa del mambo", Nueva York, años cincuenta.

right: Cuban pianist, composer, and bandleader Dámaso Pérez Prado was a leading personality of the mambo era.

derecha: El pianista, compositor y director de orquesta cubano, Dámaso Pérez Prado, fue la personalidad más destacada de la era del mambo.

above: Bebo Valdés Trio with singer Delia Bravo on the Roof Garden of the Hotel Sevilla, Havana, late 1950s.

arriba: El Trío de Bebo Valdés con la cantante Delia Bravo en la terraza ajardinada del Hotel Sevilla, La Habana, a fines de los años cincuenta.

opposite: Dámaso Pérez Prado, *Havana, 3 a.m.* RCA Records, 1956; Victor Records, 1962.

opuesta: Dámaso Pérez Prado, *Havana, 3 a.m.* RCA Records, 1956; Victor Records, 1962.

BEBO VALDÉS

"One of my aunts was Catholic but like a lot of us Cubans, she was also *Santera* and into spiritism. My mother went to a session, and she was holding me in her lap. And I am told that somebody, maybe my aunt, pointed to me and said, 'That boy is going to be a great violinist.' My mother nearly killed herself trying to find me a violin, and when she thought she had one, it turned out there were no violin teachers anywhere near. Now I'm eighty-two, and I still have never held a violin in my hands.

"I was almost an adolescent and had never had a piano. My mother bought a number in the *bolita* [illegal numbers game] and got a $5 peso win. They went and bought a piano for three pesos (one more peso went for the transportation). The whole thing was nothing but termites . . . the termites danced when you played the keys. On that piano, I began to play *son,* imitating what the *sextetos* and *septetos* did.

"I used to like jazz as a student at the conservatory, maybe even before that. I had listened to Satchmo, Fats Waller, and to the person who is still my idol, Art Tatum . . . I was crazy about him. I dreamed of being someday like him, he was like a god to me. Now I have another idol, in addition to Tatum, and that's Bill Evans. There are a lot of good pianists, but I like the style of Evans . . . still, there will never be another Tatum.

"In the late 1930s and then the 1940s there were a lot of jam sessions. A group of us—Luis Escalante, Gustavo Mas, Kiki Hernández, Chombo Silva—we used to get together at each other's houses, on Sundays usually, and jam. We played things like 'Body and Soul' and played our *boleros* with a swing feel to them. We also were doing *descargas* on *montunos* before 1940 . . . stuff like what I recorded later, like 'Con Poco Coco,' which I recorded in 1952.

"One time I was with my wife vacationing in the Canary Islands. This orchestra is playing, and they dedicate a tune for me. I asked them, 'Whose tune is that?' They say, 'It's your tune!' I did not remember it. That happens to me all the time, all over the world. . . ."

BEBO VALDÉS

"Una de mis tías era católica pero como muchos de nosotros los cubanos, también era santera y le daba por el espiritismo. Mi madre y yo fuimos a una sesión y ella me sentó en sus piernas. Y me cuentan que alguien, quizá mi tía, me señaló y dijo: 'Ese niño va a ser un gran violinista'. Mi madre casi se mata buscándome un violín y, cuando creyó que lo había encontrado, resulta que no había ningún maestro de violín cerca por ninguna parte. Ahora tengo ochenta y dos años, y todavía nunca he tenido un violín en mis manos".

"Ya era casi un adolescente y nunca había tenido un piano. Mi madre compró un número en la *bolita* [juego ilegal de lotería] y se ganó $5 pesos. Fueron y compraron un piano por tres pesos (un peso más para el transporte). Eso no era más que termitas . . . las termitas bailaban cuando tocabas las teclas. En ese piano empecé a tocar son, imitando lo que hacían los sextetos y septetos".

"Me gustaba el jazz cuando era estudiante del conservatorio, tal vez antes de eso. Había escuchado a Satchmo, Fats Waller, y la persona que todavía es mi ídolo, Art Tatum . . . me volvía loco. Soñaba con ser como él algún día, era como un dios para mí. Ahora tengo otro ídolo, además de Tatum, y es Bill Evans. Hay muchos pianistas buenos, pero me gusta el estilo de Evans . . . sin embargo, nunca habrá otro Tatum".

"A fines de los años treinta y luego en los cuarenta había muchas sesiones de improvisación. Varios de nosotros—Luis Escalante, Gustavo Mas, Kiki Hernández, Chombo Silva—nos juntábamos en nuestras casas, por lo general los domingos, e improvisábamos. Tocábamos cosas como 'Body and Soul' y tocábamos nuestros boleros con un dejo de *swing*. También estábamos haciendo descargas de montunos antes de 1940 . . . cosas como lo que luego grabé, como 'Con Poco Coco', que grabé en 1952".

"Una vez estaba de vacaciones con mi esposa en las Islas Canarias. La orquesta está tocando y me dedican una melodía. Les pregunto: '¿De quién es esa melodía?' Ellos dicen: '¡Es su melodía!' No me acordaba. Eso me pasa todo el tiempo, por todo el mundo. . . ."

right: Dancers at the Hollywood Palladium.

derecha: Bailarines en el Hollywood Palladium.

A gifted pianist from Matanzas, Cuba, Dámaso Pérez Prado began experimenting with unusual timbres and arrangements in the early 1940s. While in Mexico in the late 1940s, he met with unexpected success for several tunes, notably "Que rico el mambo" and "Mambo No. 5." Pérez Prado is usually recognized as the musician who established the mambo as a distinct genre and dance style, but mambo was something that was clearly "in the air" for Cuban musicians in the 1940s. Different approaches to the mambo were developed by Bebo Valdés in Havana and by René Hernández in New York.

Pianist Bebo Valdés (born Dionisio Ramón Valdés Amaro) had begun experimenting in the late 1930s, albeit in an informal manner, with mixtures of jazz and Cuban music. In the 1940s he composed a number of popular dance tunes that were part of the developing style later known as the mambo. Valdés lived and worked for a while in Haiti, and upon his return to Havana in the late 1940s he performed at the famed Tropicana nightclub, where he played piano for shows and in jam sessions with jazz musicians visiting from the United States. He followed avidly the development of bebop and Cuban music in New York.

> ***"Among the bop musicians I loved Dizzy Gillespie. It was for me like, God in Heaven and Dizzy on Earth . . . also Parker, Roach, and bassist Ray Brown, what swing that man had!"*** *Bebo Valdés*

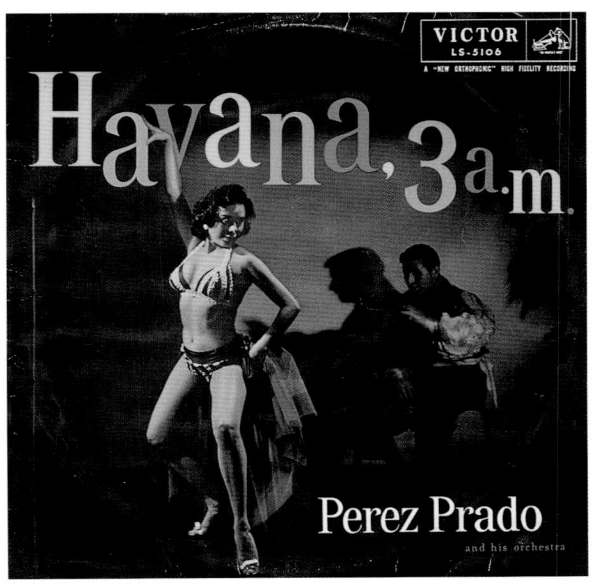

fines de los años cuarenta se encontró con el éxito inesperado de varias de sus melodías, en particular "Qué rico el mambo" y el "Mambo No. 5". Por lo general se reconoce a Pérez Prado como el músico que estableció el mambo como un género y estilo de baile distinto, pero el mambo era algo que evidentemente "se respiraba en el ambiente" para los músicos cubanos de los años cuarenta. Diversos enfoques al mambo fueron desarrollados por Bebo Valdés en La Habana y por René Hernández en Nueva York.

El pianista Bebo Valdés (seudónimo de Dionisio Ramón Valdés Amaro) había empezado a experimentar a fines de los años treinta, si bien es cierto que de manera informal, con mezclas de jazz y de música cubana. En los años cuarenta compuso un número de melodías populares de baile que fueron parte del estilo en desarrollo que se conocería después como el mambo. Valdés vivió y trabajó por una temporada en Haití, y al regresar a La Habana a fines de los años cuarenta se presentó en el famoso centro nocturno Tropicana, donde tocó el piano para espectáculos y en sesiones de improvisación de jazz con jazzistas que estaban de visita de los Estados Unidos. Seguía con avidez el desarrollo del bebop y de la música cubana en Nueva York.

> ***"Dentro de los músicos del bebop me encantaba Dizzy Gillespie. Para mí era como, Dios en el Cielo y Dizzy en la Tierra . . . también Parker, Roach y el contrabajista Ray Brown, ¡qué swing tenía ese mulato!"*** *Bebo Valdés*

El pianista cubano René Hernández se unió a Machito and the Afro-Cubans a mediados de los años cuarenta y permaneció con la orquesta hasta 1965. Se convirtió en su arreglista principal

Cuban pianist René Hernández joined Machito and the Afro-Cubans in the mid-1940s and remained with the band until 1965. He became their principal arranger of dance music and was responsible for the band's popular mambo style. He led the rhythm section that participated in the recording of Chico O'Farrill's *Afro-Cuban Jazz Suite* in 1950 and arranged for many other groups in the New York area.

Tito Puente established himself in the 1950s as a central figure in Latin dance—particularly at the Palladium Ballroom—by always featuring a rousing rhythm section that included top-notch bongo and conga players in addition to Puente himself on timbales. Tito Puente's band—and others such as that of Tito Rodríguez—offered the Latin dance fans of this period a full plate of traditional and newer dance forms from Cuba and the Caribbean: the mambo, the cha-cha-cha, the *rhumba,* the *son montuno,* and others. Variously dubbed "King of Latin Music," "Mambo King," and "King of the Timbal," Puente would use his percussion-based ensembles for over fifty years to play both dance music and Latin jazz.

"Latin music, like Latin dance, follows a pattern; it starts suave; the introduction, all the instruments do not come in at once; everything depends on the arrangement; the singer comes in and plants his theme, accompanied by a chorus which jumps in right after him, emphasizing the main poetic idea of the song; the orchestra grows toward an area where individual instruments can take a solo if it is in the calling; once this is over, they gather back on to a plateau, which is similar to the intro; the music gathers momentum and rises to a take off area where they all accelerate together. This is the last area of frenzy and possession which is a feature of both African and Arabian music." *Victor Hernández Cruz*

de música de baile y fue responsable del popular estilo de mambo del grupo. Dirigió la sección rítmica que participó en la grabación de *Afro-Cuban Jazz Suite* de Chico O'Farrill en 1950 e hizo arreglos para muchos otros grupos de la zona de Nueva York.

Tito Puente se estableció en los años cincuenta como una figura clave del baile latino—particularmente en el Palladium Ballroom—al ofrecer siempre una enardecedora sección rítmica que incluía a bongoseros y tumbadores de primera categoría además de contar con la ejecución del mismo Tito Puente en los timbales. La orquesta de Tito Puente—y otras como la de Tito Rodríguez—ofrecía a los aficionados del baile latino de esta época una ración completa de formas de baile tradicionales así como innovadoras de Cuba y el Caribe: el mambo, el cha-cha-chá, la *rhumba,* el son montuno y otras. Apodado de formas diversas como "el rey de la música latina", "el rey del mambo" y "el rey de los timbales", Tito Puente se valdría de sus orquestas con una base percusiva para tocar música de baile y de jazz latino por más de cincuenta años.

"La música latina, como el baile latino, sigue un patrón; comienza suave; la introducción, todos los instrumentos no entran a la vez; todo depende del arreglo; el cantante llega y pone la semilla del tema, acompañado por un coro que se lanza justo después, recalcando el concepto poético principal de la canción; la orquesta se desarrolla hacia un área donde los instrumentos individuales pueden hacer un solo si son llamados; una vez que esto acaba, se reúnen de nuevo en un nivel estable, que se parece a la introducción; la música adquiere velocidad y se eleva a un área de despegue desde donde todos pueden acelerar juntos. Ésta es la última área de posesión y desenfreno que es una característica tanto de la música africana como árabe".

Víctor Hernández Cruz

left: Tito Puente Conjunto, 1950. (Front row, l–r) Luis Varona, Tito Puente, Frankie Colon, Chino Pozo; (back row, l–r) Manuel Patot, Vicentico Valdes, Jimmy Frisaura, Gene Rappetti, Frank Lopinto.

izquierda: Conjunto Tito Puente, 1950. (Fila de enfrente, izq-der) Luis Varona, Tito Puente, Frankie Colon, Chino Pozo; (fila de atrás, izq-der) Manuel Patot, Vicentico Valdes, Jimmy Frisaura, Gene Rappetti, Frank Lopinto.

ARLO SUPPER THEATRE
The Buffet - Show - Dance Place
PRESENTA LA GRAN FIESTA DEL ANO
SAT. DEC. 2 8:00 P. M. - 2:00 A. M.
LA ESTRELLA INTERNACIONAL
TITO RODRIGUEZ

"TITO"
EN SU UNICA PRESENTACION
CON "MACHITO" Y SU ORQ.
DE 14 PROFESORES Y GRACIELA
ADEMAS RAFY HERNANDEZ Y SU ORQ. "LOS GALANES"
ARLO BALLROOM
27th & WESTFIELD AVE. • CAMDEN, N. J.
ADMICION: $10.00 Per Person • FREE DOOR PRIZES
GENTLEMEN MUST WEAR JACKETS • FREE PARKING
FOR TABLE RESERVATIONS: CALL 609-541-6744 FROM 9 A. M. TO 5 P. M.

above: René Hernández.

arriba: René Hernández.

above left: Poster announcing the appearance of Tito Rodríguez with Machito and Graciela at the Arlo Ballroom, New York, 1950s.

arriba, izquierda: Cartel anunciando la presentación de Tito Rodríguez con Machito y Graciela en el Arlo Ballroom, Nueva York, años cincuenta.

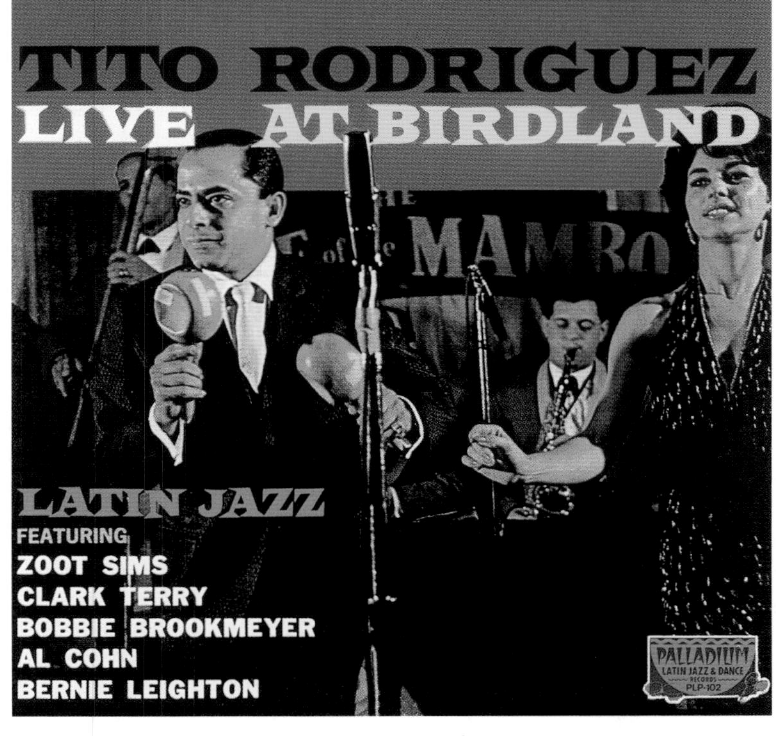

right: *Tito Rodriguez Live at Birdland.* Palladium Latin Jazz & Dance Records, 1963.

derecha: *Tito Rodriguez Live at Birdland.* Palladium Latin Jazz & Dance Records, 1963.

left: Howard McGhee.

izquierda: Howard McGhee.

LATIN JAZZ FROM COAST TO COAST

Following Gillespie's lead, other jazz musicians began to improvise with the new fusion, Cubop. Trumpeter Howard McGhee, originally from Oklahoma, led his first jazz band in Los Angeles in 1945. For that reason he was known as the "Bop Trumpeter from the Coast." In the late 1940s he often played with Machito's orchestra. During a performance with Machito and Brew Moore at the Apollo Theatre, emcee "Symphony" Sid Torin was impressed with the band's improvisations based on "Tanga." Shortly after the show, Machito, McGhee, and Moore signed with Torin's Roost label, and the improvisations were recorded as "Cubop City," parts 1 and 2.

The development of Afro-Cuban jazz, or Cubop, continued with vigor into the 1950s. Producer Norman Granz recorded *Afro-Cuban Jazz Suite* in December 1950. It featured the Machito band, augmented by soloists Flip Phillips, Harry "Sweets" Edison, Charlie Parker, and Buddy Rich, with arrangements by Chico O'Farrill. The recording was a tremendous success. In addition to the mambo beat, Machito's rhythm section, led by René Hernández and featuring José "Buyú" Mangual on bongos, blended jazz styles with a variety of Cuban genres, including the *bolero,* 6/8 rhythms, and the sounds of traditional folkloric *rumbas.*

"The Afro-Cuban era was an exciting time for music lovers. It was a historic movement because of the musicians with foresight who blazed new musical trails. Cubop also contributed to the improvement of race relations. Howard McGhee and Charlie Parker were Afro-Americans. Brew Moore was a white musician of Jewish heritage. Flip Phillips is a white musician of Italian descent. Chico O'Farrill was a white Cuban. Buddy Rich was a white musician of the Jewish faith. Cubop brought these musicians together with Machito and Mario Bauzá and together they enriched our lives." *Max Salazar*

JAZZ LATINO DE COSTA A COSTA

Siguiendo la pauta de Gillespie, otros músicos de jazz empezaron a improvisar con la nueva fusión, Cubop. El trompetista Howard McGhee, originario de Oklahoma, condujo su propio grupo de jazz en Los Ángeles en 1945. Fue por eso que se le conocía como el "trompetista *bop* de la costa". A fines de los años cuarenta tocaba a menudo con la orquesta de Machito. Durante una actuación con Machito y Brew Moore en el Apollo Theatre, el maestro de ceremonias "Symphony" Sid Torin quedó impresionado con las improvisaciones del grupo basadas en "Tanga". Poco después del espectáculo, Machito, McGhee y Moore firmaron un contrato con la compañía discográfica de Torin, Roost Label, y las improvisaciones se grabaron como "Cubop City" partes 1 y 2.

El desarrollo del jazz afrocubano o Cubop continuó con vigor hacia los años cincuenta. El productor Norman Granz grabó *Afro-Cuban Jazz Suite* en diciembre de 1950. El grupo de Machito figuraba en primer plano, aumentado por los solistas Flip Phillips, Harry "Sweets" Edison, Charlie Parker y Buddy Rich, con arreglos de Chico O'Farrill. La grabación fue un éxito rotundo. Además del ritmo de mambo, la sección rítmica de Machito, dirigida por René Hernández y con José "Buyú" Mangual en el bongó, mezclaba estilos de jazz con una variedad de géneros cubanos, entre ellos el bolero, los ritmos en 6/8 y los sonidos de las rumbas folclóricas tradicionales.

"La era afrocubana fue muy estimulante para los amantes de la música. Se trataba de un movimiento histórico debido a los músicos que vislumbraron y abrieron nuevos caminos musicales. El Cubop también contribuyó a la mejoría de las relaciones raciales. Howard McGhee y Charlie Parker eran afroamericanos. Brew Moore era un músico de raza blanca con raíces judías. Flip Phillips era un músico de raza blanca de ascendencia italiana. Chico O'Farrill era un cubano de raza blanca. Buddy Rich era un músico de raza blanca de raíces judías. Cubop reunió a estos músicos con Machito y Mario Bauzá y juntos enriquecieron nuestras vidas". *Max Salazar*

right: Machito and His Orchestra. *Afro-Cubop.* Recorded in part at the Royal Roost, New York, in the spring of 1949. Spotlite Records, 1950.

derecha: Machito y su orquesta, *Afro-Cubop.* Grabado en parte en el Royal Roost, Nueva York, primavera 1949. Spotlite Records, 1950.

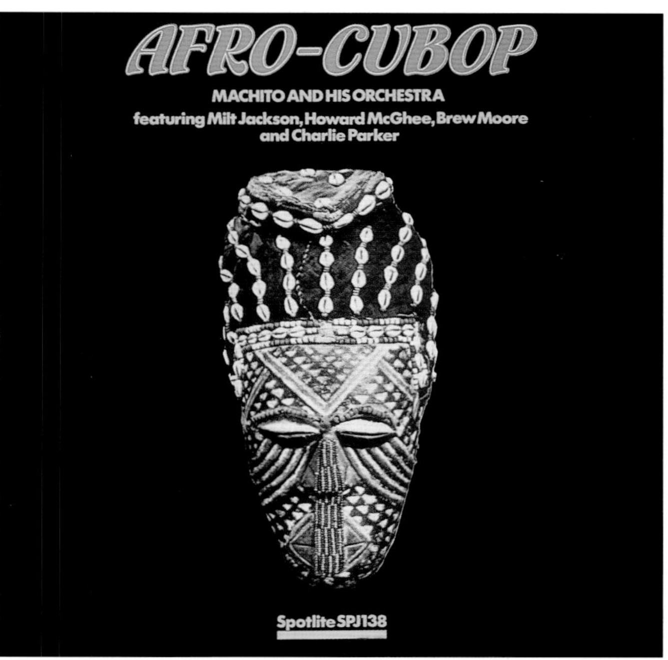

below: Howard McGhee and His Afro Cuboppers, *Cubop City,* featuring Brew Moore. Roost Records, 1948.

abajo: Howard McGhee and His Afro Cuboppers, *Cubop City*, con la actuación de Brew Moore. Roost Records, 1948.

above: Machito and his band arrive in Tokyo, Japan, 1962.

arriba: Machito y su grupo llegan a Tokio, Japón, 1962.

El impacto del Cubop se sintió más allá de Nueva York. El jazz latino era inmensamente popular en California, donde había una población latina muy grande y donde se habían interpretado muchas formas de música mexicana y caribeña durante años. A partir de los años treinta, las orquestas grandes *(big bands)* méxicoamericanas se habían presentado ante públicos latinos en todas las ciudades importantes de California, entre ellas San Francisco, Oakland, Los Ángeles y Fresno. Los músicos latinos de la costa oeste apreciaban el jazz, pero también la música de baile afrocubana, así como las baladas y los corridos mexicanos. La llegada del mambo revivió la popularidad de los salones de baile. El

The impact of Cubop was felt well beyond New York. Latin jazz was hugely popular in California, where there was a large Latino population and where many forms of Mexican and Caribbean music had been played for years. Since the 1930s, Mexican American big bands had been performing for Latino audiences in every major California city, including San Francisco, Oakland, Los Angeles, and Fresno. Latino musicians on the West Coast appreciated jazz, but also Afro-Cuban dance music, along with Mexican ballads and *corridos*. The advent of the mambo revived the popularity of ballrooms. Stan Kenton's West Coast–based band was one of the first to explore the combination of jazz with the sounds of Afro-Cuban music.

Los Angeles pianist Eddie Cano was one of the most exciting Latin jazz musicians of the 1940s and 1950s. A Mexican American born in 1927, he began as a bassist, taking lessons from his grandfather who had worked with the Mexico City Symphony. Cano was also trained in classical piano, and he expanded his talents further when he discovered jazz. After his discharge from the army, he made his professional debut with the Pachuco Boogie Boys in 1947. It was then that his rhythmic style came to the attention of singer and bandleader Miguelito Valdés, who had brought Chano Pozo from Havana to New York in 1946. Valdés brought Cano to New York in 1947. For two years Cano played for Valdés and sat in with Tito Puente, Machito, and Noro Morales. In the 1950s he returned to California, where he recorded the album *Ritmo Caliente* with Cal Tjader in 1954.

Another important West Coast figure was Paul Lopez. Born in Los Angeles in 1923, Lopez contracted polio as a young child but, despite this disability, succeeded in becoming an able trumpeter and arranger. As a young man in Los Angeles, he played jazz on Central Avenue and Latin music at dance venues. He, too, moved to New York for a while, where he worked with Noro Morales and Miguelito Valdés before returning to Los Angeles in 1952. A gifted musician, he arranged music for Machito, Jack Costanzo, and Noro Morales.

grupo de Stan Kenton, con sede en la costa oeste, fue uno de los primeros en explorar la combinación del jazz con los sonidos de la música afrocubana.

El pianista angelino Eddie Cano fue uno de los músicos de jazz latino más fascinantes de los años cuarenta y cincuenta. Un estadounidense de ascendencia mexicana nacido en 1927, comenzó como contrabajista, tomando clases de su abuelo quien había trabajado con la Sinfónica de la Ciudad de México. Cano también había recibido su formación en piano clásico y amplió sus dotes aún más cuando descubrió el jazz. Después de ser dado de baja en el ejército, hizo su debut profesional con los Pachuco Boogie Boys en 1947. Fue entonces que su estilo rítmico llamó la atención del cantante y director de orquesta Miguelito Valdés, quien había traído a Chano Pozo de La Habana a Nueva York en 1946. Valdés llevó a Cano a Nueva York en 1947. Por dos años Cano tocó para Valdés y estuvo presente con Tito Puente, Machito y Noro Morales. En los años cincuenta regresó a California donde grabó el álbum *Ritmo Caliente* con Cal Tjader en 1954.

Otra figura importante de la costa oeste fue Paul Lopez. Nacido en Los Ángeles en 1923, Lopez contrajo poliomielitis cuando era niño pero, a pesar de este impedimento físico, logró convertirse en un trompetista y arreglista muy capaz. Cuando era joven tocaba jazz en Central Avenue y música latina en lugares de baile en Los Ángeles. También él se mudó por una temporada a Nueva York, donde trabajó con Noro Morales y Miguelito Valdés antes de regresar a Los Ángeles en 1952. Un músico de grandes dotes, hizo arreglos para Machito, Jack Costanzo y Noro Morales.

right: Eddie Cano.

derecha: Eddie Cano.

HAVANA SWING

Musicians in Cuba kept up with developments in the 1940s jazz world, from big-band swing to bebop. The bebop revolution found early followers in Havana, including arranger Chico O'Farrill, pianist Bebo Valdés, and percussionist Guillermo Barreto.

In addition to big *jazzbands,* Cuba also produced small jazz combos, like the quartet led by pianist Mario Santana, which for a while included Chano Pozo on conga drums. Because record companies were not interested in having musicians in Cuba record jazz—only hot-selling Cuban dance music—no commercial recordings were made to corroborate what oral histories recount of the jazz being played there. A few "garage recordings," however, still exist of jazz jam sessions recorded in the late 1940s.

The development of Afro-Cuban jazz in New York, and in particular the recording of "Manteca," was received jubilantly in Cuba, where musicians were soon applying themselves seriously to the "new thing." New York Latin jazz sounded like the polished fruition of what some Cuban musicians—Bebo Valdés, Luis Escalante, Guillermo Barreto, Gustavo Mas, and others—had been doing informally and somewhat haphazardly in Havana in previous years.

Bebo Valdés recorded four tunes in the Afro-Cuban jazz vein, including "Con Poco Coco," the first impromptu Afro-Cuban jazz jam session ever recorded. The recordings, commissioned by Norman Granz in 1952, featured trumpeter Alejandro "El Negro" Vivar and saxophonist Gustavo Mas. In a positive review that appeared in *Downbeat* magazine on May 6, 1953, the writer noted, "That's life for you! After all these years of North American jazzmen trying to sound like Cubans, we finally get a jazz LP from

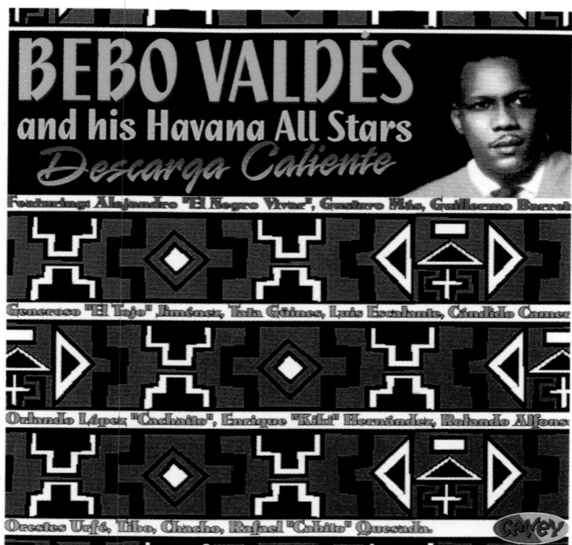

left: Bebo Valdés and his Havana All Stars, *Descarga Caliente.* Caney, recorded in Havana from 1952 to 1957.

iaquierda: Bebo Valdés and his Havana All Stars, *Descarga Caliente.* Caney, grabado en La Habana de 1952 a 1957.

EL SWING DE LA HABANA

Los músicos en Cuba se mantenían al tanto de los desarrollos del mundo del jazz de los años cuarenta, desde el swing de las orquestas grandes *(big bands)* al bebop. La revolución del bebop encontró desde un principio adherentes en La Habana, entre ellos el arreglista Chico O'Farrill, el pianista Bebo Valdés y el percusionista Guillermo Barreto.

Además de las *jazzbands* grandes, Cuba también tuvo conjuntos pequeños de jazz como el cuarteto dirigido por el pianista Mario Santana, que por un tiempo incluía a Chano Pozo en las congas. Debido a que las compañías discográficas no tenían interés en grabar jazz de músicos en Cuba—sólo la música de baile cubana de gran aceptación—no existen grabaciones comerciales que puedan corroborar lo que la historia oral cuenta acerca del jazz que se tocaba allí. Sin embargo, hay varias "grabaciones caseras" que todavía existen de sesiones de improvisación de jazz grabadas a fines de los años cuarenta.

El desarrollo del jazz afrocubano en Nueva York y en particular la grabación de "Manteca" fue recibida con júbilo en Cuba, donde muy pronto los músicos se concentraron seriamente en "lo nuevo". El jazz latino de Nueva York sonaba como la cristalización refinada de lo que algunos músicos cubanos—como Bebo Valdés, Luis Escalante, Guillermo Barreto, Gustavo Mas y otros—habían estado haciendo de manera informal y un tanto al azar en La Habana en los años anteriores.

Bebo Valdés grabó cuatro melodías en la vena del jazz afrocubano, entre ellas "Con Poco Coco", la primera sesión espontánea de jazz afrocubano improvisado jamás grabada. Las grabaciones, encargadas por Norman Granz en 1952, contaban con la ejecución del trompetista Alejandro "El Negro" Vivar y el saxofonista Gustavo Mas. En una reseña favorable que apareció en *Downbeat* el 6 de mayo de 1953, el crítico observó: "¡Así es la vida! Después de todos estos años de tener a jazzistas norteamericanos tratando de sonar como cubanos, por fin nos llega un LP de Cuba tocado por músicos cubanos y ¿cómo suenan? ¡Suenan exactamente como los norteamericanos!

Una persona que hizo una contribución importante a la fusión del jazz con la música cubana en La Habana fue Frank

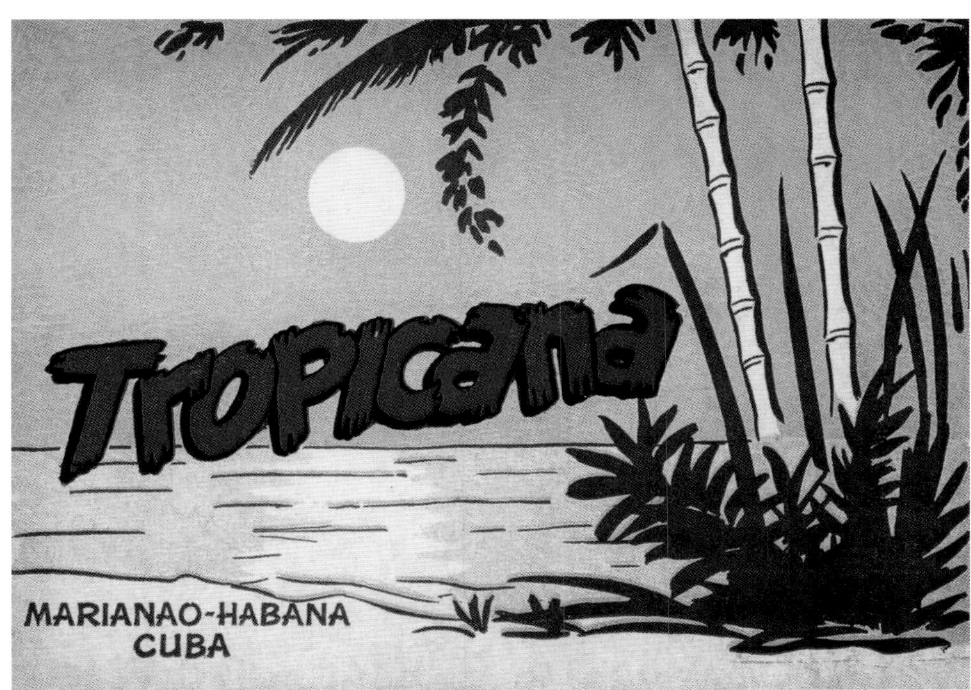

left: Souvenir of the Tropicana, Marianao-Habana, Cuba.

izquierda: Recuerdo del Tropicana, Marianao-Habana, Cuba.

right: Armando Romeu (center) surrounded by members of the Tropicana Orchestra, 1950s.

derecha: Armando Romeu (al centro) rodeado de integrantes de la Orquesta Tropicana, años cincuenta.

opposite: Veteran pianists Felipe Dulzaides and Frank Emilio Flynn, Havana, 1980.

opuesta: El veterano pianista y director de banda Felipe Dulzaides (izq.) con Frank Emilio Flynn, La Habana, 1980.

Cuba played by Cuban musicians, and how do they sound? They sound exactly like the Norte Americanos!"

An important contributor to the fusion of jazz with Cuban music in Havana was Frank Emilio Flynn. Visually impaired since his birth in 1921, he taught himself piano and formed a *charanga* band as a teenager, before undertaking serious musical studies. A "musician's musician," he became known from the 1940s on for his devotion to classical Cuban musical forms, such as the *danza* and the *danzón,* and for his affinity for jazz. In the late 1940s he composed his first jazz tune, "Midnight Theme," and became one of the founders of a jazz-influenced group, the Loquibambia Swing Boys, which included noted vocalist Omara Portuondo, of Buena Vista Social Club fame.

> ***"In the forties and fifties we were developing a fusion. We were trying to play Cuban standards but in a jazz idiom . . . with people like José Antonio Méndez and Omara Portuondo, who sang in English for this group that was called Loquibambia."*** *Frank Emilio Flynn*

In the late 1940s, a new musical movement began in Cuba that attempted to bring about a change in the interpretation of the island's *boleros*—the slowest in tempo of all its musical forms. A number of vocalists, who usually accompanied themselves on the guitar in the tradition of Cuban troubadours, mixed the *bolero* with harmonies from U.S. jazz and the deep sentimentality of the blues. This produced a new way of singing, interpreting, and phrasing that became known as the *filin,* or "feeling," movement. This development paralleled the appearance of Afro-Cuban jazz in the United States, although *filin* was less oriented toward dancing. Some of the leaders of the *filin* movement included composer-vocalists César Portillo de la Luz and José Antonio Méndez, pianist and arranger Frank Emilio Flynn, and in the early stages, Bebo Valdés. The *filin* movement was directly influenced by jazz and American vocal styles, in particular by the artistry of Nat "King" Cole and Lena Horne. According to some critics, the Cuban feeling movement can be compared with the later mixture of Brazilian bossa nova with jazz that became popular in the 1960s.

Emilio Flynn. Con problemas de la vista desde su nacimiento en 1921, aprendió a tocar el piano por sí solo y formó un grupo de charanga cuando era joven, antes de emprender sus estudios musicales serios. Un "músico entre músicos", se dio a conocer de los años cuarenta en adelante por su devoción a las formas musicales cubanas clásicas, tales como la danza y el danzón, y por su afinidad con el jazz. A fines de los años cuarenta compuso su primera canción de jazz titulada "Midnight Theme", y fue uno de los fundadores de un grupo influenciado por el jazz, los Loquibambia Swing Boys, que incluía a la renombrada cantante Omara Portuondo, de reciente apararición en el Buena Vista Social Club.

> ***"En los años cuarenta y cincuenta estábamos desarrollando una fusión. Estábamos tratando de tocar piezas clásicas cubanas pero con el lenguaje musical del jazz . . . con gente como José Antonio Méndez y Omara Portuondo, quienes cantaban con este grupo que se llamaba Loquibambia".*** *Frank Emilio Flynn*

A fines de los años cuarenta un nuevo movimiento musical comenzó en Cuba que intentaba lograr un cambio en la interpretación de los boleros de la isla, el ritmo más lento de todas sus formas musicales. Una serie de cantantes, que por lo general se acompañaban con la guitarra en la tradición de los trovadores cubanos, mezclaron el bolero con las armonías del jazz estadounidense y el sentimentalismo profundo del blues. Esto produjo una nueva manera de cantar, interpretar y frasear que se llegó a conocer como el movimiento *filin* [de la palabra "feeling" o sentimiento en inglés]. Este desarrollo tuvo su paralelo con la aparición del jazz afrocubano en los Estados Unidos, aunque el *filin* estaba menos orientado al baile. Entre los líderes del movimiento del *filin* se encontraban los cantantes y compositores César Portillo de la Luz y José Antonio Méndez, el pianista y arreglista Frank Emilio Flynn, y en las etapas iniciales, Bebo Valdés. El movimiento del *filin* estuvo directamente influenciado por los estilos vocales estadounidenses y del jazz, en particular por la maestría de Nat "King" Cole y Lena Horne. Según algunos críticos, el movimiento cubano del *filin* puede ser comparado a la mezcla posterior del bossa nova brasileño con el jazz, misma que se hizo popular en la década de los sesenta.

FRANK EMILIO FLYNN

"There was a piano in my house, that's where I picked up my first notions . . . it was all by ear and practice. When I was thirteen I started playing with a little c*haranga* orchestra. I did that for a few years . . . that's when I realized that I needed a more solid foundation. So, through Cuba's National Association for the Blind, I obtained some instruction and music books in Braille . . . that's how I began my serious studies. Then, with the Braille system, I went on to study things like harmony, composition, and music theory.

"There was American music played in my home, since my father was an American who had moved to Cuba. I was really moved by the music of Art Tatum. Later, we used to get together to play American music in *descargas,* or jam sessions. I was there at the foundation of the Club Cubano de Jazz in 1958, and eventually I played with many American musicians who visited it, like Zoot Simms, Philly Jo Jones, and others.

"In my work, the Braille system was fundamental, the key to my education, my support. I have also taught the system . . . I did not think that blind kids should learn music just as a practical 'complement' to their education. So we managed to get the Braille musical education system introduced into schools for the blind, so students could get the most solid foundation."

FRANK EMILIO FLYNN

"Había un piano en mi casa, ahí es donde tuve mis primeras nociones . . . todo era basándose en el oído y la práctica. Cuando tenía trece años empecé a tocar con una pequeña orquesta de charanga. Hice eso por varios años . . . fue cuando me di cuenta de que necesitaba una base más sólida. Así que, a través de la Asociación Nacional Cubana para los Ciegos, obtuve un poco de instrucción y algunos libros de música en Braille . . . así comenzaron mis estudios en serio. Luego, con el sistema Braille, seguí estudiando cosas como armonía, composición y teoría musical".

"Se tocaba música americana en mi casa, ya que mi padre era un norteamericano que se había mudado a Cuba. Me conmovía mucho la música de Art Tatum. Más tarde, nos juntábamos a tocar música americana en descargas o sesiones de improvisación. Estuve ahí en la fundación del Club Cubano de Jazz en 1958, y a la larga toqué con muchos músicos norteamericanos que lo visitaron, tales como Zoot Simms, Philly Jo Jones y otros".

"En mi trabajo el sistema Braille fue fundamental, la clave de mi educación, mi apoyo. También he dado lecciones con ese sistema . . . no estaba de acuerdo en que se le enseñara música a los niños ciegos como un 'complemento' práctico a su educación. Así que nos las arreglamos para que se introdujera el sistema educativo musical Braille a las escuelas para ciegos, para que los estudiantes pudieran recibir las bases más sólidas".

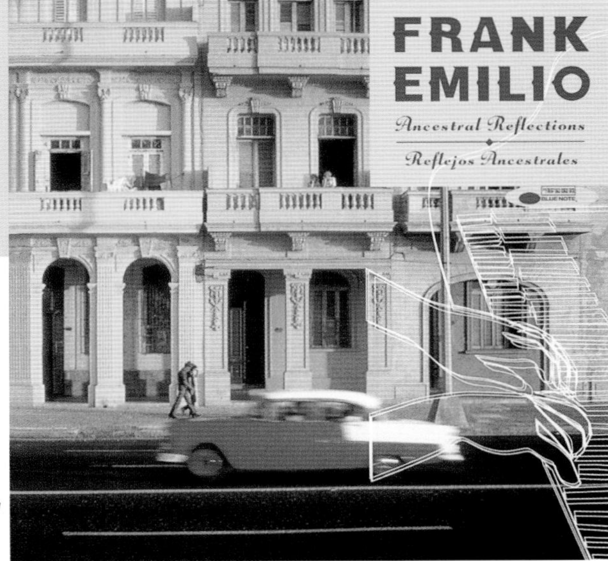

right: Frank Emilio, *Ancestral Reflections/Reflejos* Ancestrales. Blue Note Records, 1999.

derecha: Frank Emilio, *Ancestral Reflections/Reflejos Ancestrales.* Blue Note Records, 1999.

opposite: Cándido Camero.

opuesta: Cándido Camero.

COMBO-NATION

In addition to the natural evolution of the music, external changes affected the development of both jazz and Latin jazz. Most big bands became economically unsustainable, especially as a new generation of dance audiences turned away from swing and mambo to the emerging rock-and-roll music. This situation led to a proliferation of smaller jazz combos. Latin jazz began to be played by small groups that incorporated conga and bongo drums and timbales. These combos played in clubs where the patrons were able to watch and listen, up close and personal, to top-notch percussionists of Afro-Cuban rhythms. In these intimate environments—where people moved to the beat in their seats and a few found room for dancing—the impact of the sound of congas and bongos, and the complexity of playing techniques, captivated audiences and put Latin jazz percussionists squarely in the spotlight.

This is what occurred when pianist Billy Taylor, for example, brought Cándido Camero into his trio. Born in Cuba, Cándido first became known as a *tres* guitar player with Cuban *son* groups before he switched to bongos and congas. Beginning in 1946, he traveled back and forth between Cuba and the United States, playing and recording in both countries. He performed with Bebo Valdés in Havana in the early 1950s before returning to the United States to work in the Billy Taylor Trio. Through the multiple tonal colorations of his drums, Cándido—dubbed the "Man with a Thousand Fingers"—provided a special flavor to the ensemble sound of the trio. Cándido was the consummate sideman, and when straight-ahead jazz bands decided to record one or two Latin jazz tunes—as almost all were doing at the time—they called Cándido, who ended up playing on hundreds of recordings with dozens of different groups.

Y LLEGARON LOS COMBOS

Además de la evolución natural de la música, hubo cambios externos que afectaron el desarrollo del jazz y el jazz latino. La mayoría de las orquestas grandes de jazz *(big bands)* se volvieron económicamente insostenibles, sobre todo mientras una nueva generación de públicos de baile se alejó del *swing* y el mambo, y recurrió a la emergente música de rock and roll. Esta situación llevó a la proliferación de combos de jazz más reducidos. El jazz latino comenzó a ser tocado por grupos pequeños que incorporaban las congas, el bongó y los timbales. Estos combos tocaban en clubes donde los asistentes podían ver y escuchar muy de cerca a los percusionistas de ritmos afrocubanos de primera categoría. En estos ambientes íntimos—donde la gente se movía al compás desde sus asientos y algunos encontraban un sitio donde bailar—el impacto del sonido de las congas y el bongó, así como la complejidad de las técnicas de ejecución, cautivaron al público y llevaron a los percusionistas del jazz latino al pleno centro del escenario.

Esto fue lo que ocurrió cuando el pianista Billy Taylor, por ejemplo, trajo a Cándido Camero a su trío. Nacido en Cuba, Cándido primero se dio a conocer como tresero en grupos de son cubano antes de decidirse a tocar el bongó y las congas. Comenzando en 1946, viajó entre Cuba y los Estados Unidos, tocando y grabando en ambos países. Se presentó con Bebo Valdés en La Habana a principios de los años cincuenta antes de regresar a los Estados Unidos para trabajar con el Billy Taylor Trio. A través de las múltiples coloraciones tonales de sus tambores, Cándido—apodado "El hombre de los mil dedos"—le dio un sabor particular al sonido del trío. Cándido era el acompañante por excelencia, y cuando los grupos de jazz puro decidían grabar una o dos

CÁNDIDO CAMERO

"I started to play professionally when I was fourteen. The director of the band always picked me up and dropped me off at home. Every time when I got home my father said to me, 'Say "ha."' I would say, 'Ha, ha.' He'd say, 'Just one "ha" is enough, I want to make sure you haven't been drinking and smoking.' I am now seventy-eight years old and I have never drank nor smoked. I learned to play bass because my uncle wanted me to accompany him when he sang tangos. Cuban music was always the most popular but, at that time, the tangos sung by Carlos Gardel were also very popular.

"In Havana there were twenty-three barrios that competed with each other during Carnival with their *comparsas* [street bands]. The *comparsa* from the Belén barrio was led by Chano Pozo. They used to get the best prize for elegance. I played snare drum for the *comparsa* of my barrio, El Cerro. We used to get prizes for our traditional style. It was tough work; we had to dance and play from the barrio to where the jury was, about two hours straight down the street, sweating. I used to have to carry a towel with me . . . but it was very exciting.

"In New York in 1952, I still did not speak English when I was approached by Dizzy Gillespie and asked to do an audition. They took me to the Down Beat Club where Billy Taylor was playing. Dizzy says to Billy Taylor, 'Can you let him play a set with you?' Billy Taylor agreed and I played the set. Dizzy liked it, but by that time, my interpreter, Catalino Rolón, he had left, so Dizzy, who spoke no Spanish, said something to me, and the last word was 'mañana.' I thought he meant, 'Come back here tomorrow.' So the next day I went back to the club, and the manager sees me and asks, 'Do you want to work here?' I said, 'Well, if Dr. Taylor wants me.' So he asks Billy Taylor, and Taylor says, 'Yeah, write him a contract right now.' So I started playing with him with a contract. Then, Dizzy Gillespie sent to my house his pianist, Wynton Kelly, who spoke Spanish because he was from Panama, and says, 'What happened? Dizzy was waiting for you, he told you "mañana" we go on a road trip with his band.' So, anyway, instead of 'mañana,' Dizzy had to wait a year before I joined his band."

CÁNDIDO CAMERO

"Empecé a tocar profesionalmente cuando tenía catorce años. El director de la banda siempre me recogía y me dejaba en casa. Cada vez que llegaba a casa mi padre me decía: 'Dí "ja"'. Yo decía: 'Ja, ja'. Él decía: 'Con un "ja" basta, quiero asegurarme que no hayas estado tomando y fumando'. Ahora tengo setenta y ocho años y nunca he tomado ni fumado. Aprendí a tocar el contrabajo porque mi tío quería que lo acompañara cuando cantaba tangos. La música cubana siempre era la más popular pero, en aquel entonces, los tangos que cantaba Carlos Gardel también eran muy populares".

"En La Habana había veintitrés barrios que competían entre sí durante el carnaval con sus comparsas [bandas callejeras]. La comparsa del barrio de Belén la dirigía Chano Pozo. Solían recibir el mejor premio por elegancia. Yo tocaba el tambor para la comparsa de mi barrio, El Cerro. Sacábamos premios por nuestro estilo tradicional. Era trabajo arduo; teníamos que bailar y tocar desde el barrio hasta donde estaba el jurado, cerca de dos horas por la calle, sudando. Tenía que cargar una toalla conmigo . . . pero era muy emocionante".

"En Nueva York en 1952, todavía no hablaba inglés cuando se me acercó Dizzy Gillespie y me pidió que hiciera una audición. Me llevaron al Down Beat Club donde Billy Taylor estaba tocando. Dizzy le dice a Billy Taylor: '¿Le permites que toque una tanda contigo?' Billy Taylor estuvo de acuerdo y toqué en esa tanda. A Dizzy le gustó, pero para entonces, mi intérprete Catalino Rolón ya se había ido, así que Dizzy, que no hablaba español, me dijo algo, y la última palabra era 'mañana'. Yo creí que quiso decir: 'Regresa aquí mañana'. Así que al día siguiente regresé al club, y me ve el encargado y me pregunta: '¿Quieres trabajar aquí?' Dije: 'Bueno, si el Dr. Taylor me necesita'. Así que le pregunta a Billy Taylor y Taylor dice: 'Sí, hazle un contrato ahora mismo'. De manera que empecé a tocar con él bajo contrato. Luego, Dizzy Gillespie mandó a su pianista a mi casa, Wynton Kelly, que hablaba español porque era de Panamá, y dice: '¿Qué pasó? Dizzy te estaba esperando, te dijo "mañana" nos vamos de gira con su grupo'. Así que, en resumidas cuentas, en lugar de 'mañana', Dizzy tuvo que esperar un año a que me integrara a su grupo".

below: Cándido Camero, *Beautiful*. Blue Note, 1970.

abajo: Cándido Camero, *Beautiful*. Blue Note, 1970.

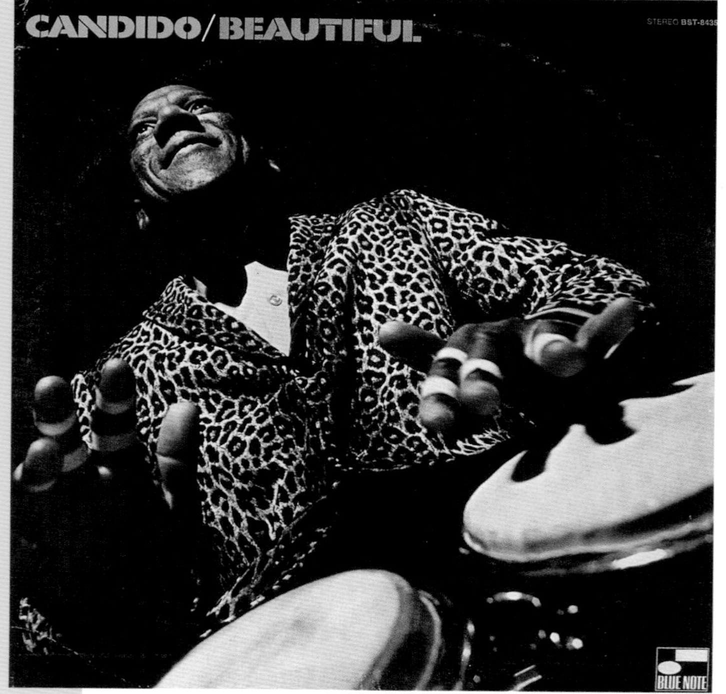

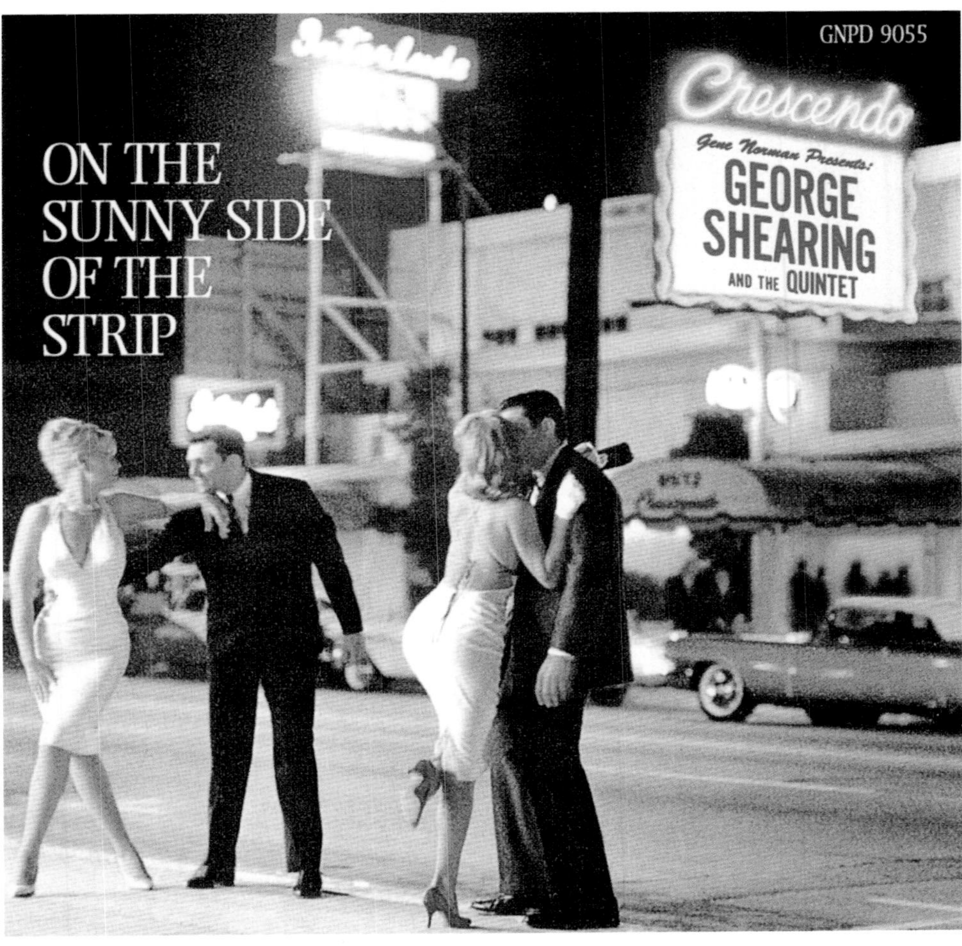

right: George Shearing Quintet, *On the Sunny Side of the Strip.* Recorded live at the Crescendo Nightclub, Hollywood, California. Crescendo Records, 1959.

derecha: George Shearing Quintet, *On the Sunny Side of the Strip.* Grabado en vivo en el Crescendo Nightclub, Hollywood, California. Crescendo Records, 1959.

"Normally the man who played conga would keep the time. The other man would be soloing on the bongos. I did both at the same time. I would put the bongos between my legs and the conga on the floor to my left. My left hand would play a pattern on the conga and my right hand would riff off on the bongos. I would riff along with the dancers."

Cándido Camero

The shift to small combos also coincided with a migratory shift of musicians from east to west in the United States. A significant example was pianist George Shearing. Born in London, England, in 1919, Shearing moved to the United States in the 1940s. Impressed by the sound of Machito and the Afro-Cubans and modeling his piano style after Noro Morales and René Hernández, Shearing began to utilize Afro-Cuban rhythms and percussionists in recordings in the 1950s. Shearing's early recordings in a Latin jazz style included bassist Al McKibbon (who had

melodías de jazz latino—como casi todos en esa época—llamaban a Cándido, quien acabó tocando en cientos de grabaciones con decenas de grupos distintos.

"Normalmente el que toca las congas lleva el ritmo. El otro hace un solo en el bongó. Yo hacía los dos al mismo tiempo. Me ponía el bongó entre las piernas y las congas en el piso a mi izquierda. Con la mano izquierda tocaba un tumbao en las congas y con la mano derecha hacía una frase rítmica en el bongó. Hacía frases rítmicas con los que bailaban". *Cándido Camero*

Este cambio hacia combos más reducidos coincidió con un traslado migratorio de músicos de la costa este a la oeste de los Estados Unidos. Un ejemplo importante de esta tendencia se encuentra en la carrera del pianista George Shearing. Nacido en Londres, Inglaterra, en 1919, Shearing se mudó a los Estados Unidos en los años cuarenta. El sonido de Machito and the Afro-Cubans le

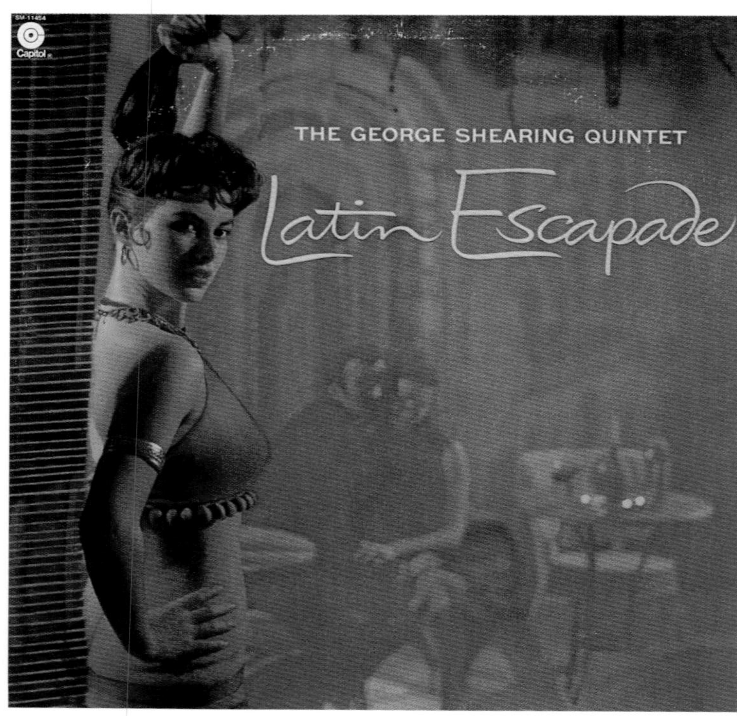

left: George Shearing Quintet, *Latin Escapade*. Capitol Records, 1956.

izquierda: El Quinteto de George Shearing, *Latin Escapade*. Capitol Records, 1956.

learned Afro-Cuban rhythms from Chano Pozo in the Dizzy Gillespie band), as well as Cal Tjader on vibes and Willie Bobo on percussion. Like Armando Peraza earlier, McKibbon and Shearing left New York in the late 1950s and established themselves on the West Coast.

> ***"Shearing wanted to hire a conga player, so I told him, wait until we get to San Francisco, we'll get Armando Peraza. . . . When Armando came into the band, that was a new day!"*** *Al McKibbon*

Shearing recorded a number of memorable albums of jazzed-up *boleros* and mambos. The first one with Peraza and McKibbon, *Latin Escapade,* sold eighty thousand copies, a milestone for Latin jazz. Other albums included *Latin Affair, Mood Latino,* and *Latin Rendezvous.* In the last two he introduced, for the first time in Latin jazz, the traditional five-key flute used in Cuban *charangas.* His guest flutist, Rolando Lozano, had previously played with the great Cuban *charanga* ensemble Orquesta Aragón.

The other star in Shearing's rhythm section, besides Armando Peraza, was Detroit-born Al McKibbon, who moved to New York in the 1940s. In 1947 he joined Dizzy Gillespie's big band,

impresionó mucho y su estilo en el piano estaba inspirado en el de Noro Morales y René Hernández. Shearing empezó a utilizar ritmos y percusionistas afrocubanos en las grabaciones que hizo en los años cincuenta. Las primeras grabaciones de Shearing al estilo del jazz latino incluían al contrabajista Al McKibbon (quien había aprendido los ritmos afrocubanos de Chano Pozo en la orquesta de Dizzy Gillespie), Cal Tjader en el vibráfono y Willie Bobo en la percusión. Tal como Armando Peraza lo había hecho antes, McKibbon y Shearing se fueron de Nueva York a fines de los años cincuenta y se establecieron en la costa oeste.

> ***"Shearing quería contratar a un tumbador, así que le dije, espera a que lleguemos a San Francisco, vamos a conseguir a Armando Peraza. . . . Cuando Armando se integró al grupo, ¡fue un nuevo amanecer!"*** *Al McKibbon*

Shearing grabó una serie de álbumes memorables de versiones jazzísticas de boleros y mambos. El primer álbum con Peraza y McKibbon, *Latin Escapade,* vendió ochenta mil copias, un hito para el jazz latino. Entre otros álbumes se encontraban *Latin Affair, Mood Latino* y *Latin Rendezvous.* En los últimos dos introdujo, por primera vez en el jazz latino, la flauta tradicional de cinco llaves usada en las charangas cubanas. Su flautista invitado, Rolando Lozano, había tocado anteriormente con la gran charanga cubana, la Orquesta Aragón.

La otra estrella en la sección rítmica de Shearing, además de Armando Peraza, era Al McKibbon, originario de la ciudad de Detroit, y quien luego se mudó a Nueva York en los años cuarenta. En 1947 se unió a la orquesta grande *(big band)* de Dizzy Gillespie,

left: Al McKibbon, Tito Puente, Miguelito Valdés, and George Shearing at the New York Palladium, 1953.

izquierda: Al McKibbon, Tito Puente, Miguelito Valdés y George Shearing en el New York Palladium, 1953.

below: George Shearing.

abajo: George Shearing.

GEORGE SHEARING

"In 1948, Latin jazz was in its infant stage when British-born blind pianist George Shearing first encountered it. 'While clarinetist Buddy De Franco and I co-led our quintet, we were at the Club Clique in midtown Manhattan when I got my first taste of Latin music. . . . We played opposite the Machito orchestra . . . the sounds were incredible . . . the rhythm complex . . . the bass lines were so interesting. . . . I wanted to record Latin music . . . but the opportunity did not appear until after I met bassist Al McKibbon, who knew the roots of Afro-Cuban music; he had learned them from Chano Pozo while both were in Dizzy's band.'

"On September 2, 1953, the George Shearing Quintet, which included Cal Tjader on vibes, Al McKibbon on bass, 'Toots' Thielemans on guitar, Bill Clark on drums, Catalino Rolón on maracas, and Cándido Camero on bongos, recorded the MGM LP *Satin Latin.* Shearing was not pleased with his piano performance. McKibbon suggested he listen to the recordings of pianists Noro Morales and Joe Loco so he could learn to ad lib the Cuban *montuno.* After he acquired the *montuno* sound, Shearing said, 'My ears became attuned to the authentic Afro-Cuban music thanks to Al McKibbon, the Machito orchestra, Armando Peraza, and Willie Bobo.'"

Max Salazar

GEORGE SHEARING

"En 1948, el jazz latino estaba en pañales cuando el pianista ciego nacido en Inglaterra George Shearing lo encontró por primera vez. 'Mientras el clarinetista Buddy De Franco y yo dirigíamos nuestro quinteto, estábamos en el Club Clique en la parte media de Manhattan cuando probé por primera vez la música latina . . . Alternábamos con a la orquesta de Machito . . . los sonidos eran increíbles . . . el ritmo complejo . . . las líneas del contrabajo eran tan interesantes . . . quería grabar música latina . . . pero no se presentó la oportunidad hasta que conocí al contrabajista Al McKibbon, quien conocía las raíces de la música afrocubana; las había aprendido de Chano Pozo mientras ambos estaban en el grupo de Dizzy'".

"El 2 de septiembre de 1953, el George Shearing Quintet, el cual incluía a Cal Tjader en el vibráfono, Al McKibbon en el contrabajo, 'Toots' Thielemans en la guitarra, Bill Clark en la batería, Catalino Rolón con las maracas y Cándido Camero en el bongó, grabaron el LP de MGM *Satin Latin.* Shearing no estuvo satisfecho con su ejecución al piano. McKibbon le sugirió que escuchara grabaciones de los pianistas Noro Morales y Joe Loco para que aprendiera a improvisar sobre el montuno cubano. Después de que adquirió el sonido del montuno, Shearing dijo: 'Mis oídos aprendieron a reconocer la música afrocubana auténtica gracias a Al McKibbon, la orquesta de Machito, Armando Peraza y Willie Bobo'".

Max Salazar

CAL TJADER

"Cal Tjader gave the Latin jazz movement thrust during the early 1950s. In January 1953, while gigging at a San Francisco club, John Levy, George Shearing's manager, offered Tjader a job, which he accepted. While with Shearing at New York City's Birdland club that March, Tjader witnessed an event that changed the course of his music career. Bassist Al McKibbon suggested he listen to a new sound called 'mambo' at a ballroom one block away. 'While on break,' recalled Tjader, 'Al and I entered the Palladium Ballroom through its service entrance on 53rd Street. The orchestras of Machito and Tito Puente were playing. . . . They fractured me . . . I had never heard such sounds. . . . Soloists were playing jazz and I was unfamiliar with the rhythms . . . they were jazz oriented. I didn't know what a mambo was . . . but WOW! I was knocked flat when I saw how Puente utilized his vibes in Latin music. . . . I got hooked on Puente.'"
Max Salazar

CAL TJADER

"Cal Tjader le dio un ímpetu al movimiento del jazz latino a principios de los años cincuenta. En enero de 1953, mientras tocaba en un club de San Francisco, John Levy, el administrador de George Shearing, le ofreció un empleo a Tjader y él aceptó. Mientras estaba con Shearing en el club Birdland de la ciudad de Nueva York ese marzo, Tjader fue testigo de un acontecimiento que cambiaría el curso de su carrera musical. El contrabajista Al McKibbon le sugirió que escuchara un sonido nuevo llamado 'mambo' en un salón de baile a una cuadra de distancia. 'Durante nuestro descanso', recordó Tjader, 'Al y yo entramos al Palladium Ballroom por la puerta de servicio sobre la calle 53. Las orquestas de Machito y Tito Puente estaban tocando . . . Me dejaron asombrado . . . Nunca había escuchado esos sonidos . . . Los solistas estaban tocando jazz y los ritmos me eran desconocidos. . . tenían una orientación hacia el jazz. No sabía lo que era un mambo . . . pero ¡Caray! me quedé de una pieza cuando vi cómo Puente utilizaba el vibráfono en la música latina . . . me volví adicto a Puente'".
Max Salazar

below: Cal Tjader, *Latino.* Fantasy Records, 1960.

abajo: Cal Tjader, *Latino.* Fantasy Records, 1960.

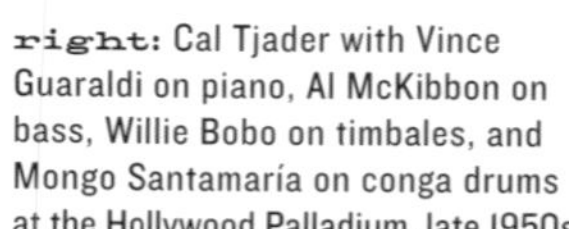

right: Cal Tjader with Vince Guaraldi on piano, Al McKibbon on bass, Willie Bobo on timbales, and Mongo Santamaría on conga drums at the Hollywood Palladium, late 1950s.

derecha: Cal Tjader con Vince Guaraldi al piano, Al McKibbon en el contrabajo, Willie Bobo en los timbales y Mongo Santamaría en las congas en el Hollywood Palladium, a fines de los años cincuenta.

right: Al McKibbon.

derecha: Al McKibbon.

where he first played with Chano Pozo. From Pozo, McKibbon learned the fundamentals of Afro-Cuban drumming as well as chants in Yoruba and other creolized African languages of Cuba. McKibbon played in the original recording of "Manteca." Later he participated in the recording of *Birth of the Cool* with Miles Davis. Particularly adept at blending Latin rhythms with straight jazz, McKibbon was at the heart of the George Shearing Quintet from 1951 to 1958.

"Chano Pozo and Dizzy started it but did not succeed in popularizing the new Latin jazz sound, which probably had to do with problems connected with the color line . . . but Cal Tjader from the Bay Area was the one that really made the sound popular nationwide. Cal got a lot of air play in major radio stations throughout the country and really opened it up for Latin jazz." *Chuy Varela*

Even more important than George Shearing in stimulating the popularity of Latin jazz was the work of percussionist and vibraphonist Cal Tjader. Born Callen Radcliffe Tjader (of Swedish

donde tocó por primera vez con Chano Pozo. De Pozo, McKibbon aprendió los conceptos fundamentales de los tambores afrocubanos así como cantos en yoruba y otras lenguas africanas criollas de Cuba. McKibbon tocó el contrabajo en la grabación original de "Manteca". Más tarde participó en la grabación *Birth of the Cool* con Miles Davis. Particularmente experto en combinar los ritmos del jazz latino con el jazz puro, McKibbon jugó un papel primordial en el quinteto de George Shearing de 1951 a 1958.

"Chano Pozo y Dizzy comenzaron más no lograron popularizar el nuevo sonido del jazz latino, lo cual probablemente tenía que ver con el prejuicio racial . . . pero Cal Tjader del área de la bahía de San Francisco fue quien realmente popularizó el sonido a escala nacional. A Cal lo tocaban mucho en las emisoras principales de todo el país y en realidad abrió camino para el jazz latino". *Chuy Varela*

Aún más importante que George Shearing en la popularización del jazz latino fue el trabajo del percusionista y vibrafonista Cal Tjader. Nacido Callen Radcliffe Tjader (de ascendencia

left: Mongo Santamaría, Machito, Miguelito Valdés, René Bloch, Francisco Aguabella, Chino Pozo, Graciela, René Touzet, Willie Bobo, and friends, 1950s.

izquierda: Mongo Santamaría, Machito, Miguelito Valdés, René Bloch, Francisco Aguabella, Chino Pozo, Graciela, René Touzet, Willie Bobo y amigos, años cincuenta.

descent) in St. Louis, Missouri, Tjader grew up in the San Francisco Bay Area. A drummer since his high school days, he played percussion in the first Dave Brubeck Trio. Later he joined Shearing's group while it was still in New York.

Influenced by the music of Machito and Tito Puente, Tjader organized a quartet with three Mexican American musicians in the Bay Area: pianist Manuel Duran, bassist Carlos Duran, and conga player Edgar Rosales. The quartet can be heard on his first Latin jazz recording, *Mambo with Tjader,* released in 1954. In the next few years Tjader made two legendary recordings, *Ritmo Caliente* and *Más Ritmo Caliente,* bringing together Armando Peraza, Mongo Santamaría, Willie Bobo, and Al McKibbon—the cream of Afro-Cuban rhythm men of the era—with pianist Eddie Cano, saxophonist José "Chombo" Silva, and other seasoned Latin musicians. By 1958, New York–based Mongo Santamaría and Willie Bobo had arrived in San Francisco to become part of the Cal

sueca) en St. Louis, Missouri, Tjader pasó su niñez y juventud en el área de la bahía de San Francisco. Un baterista desde la escuela secundaria, tocó percusión con el primer Dave Brubeck Trio. Luego se integró al grupo de Shearing cuando todavía estaba en Nueva York.

Influenciado por la música de Machito y Tito Puente, Tjader organizó un cuarteto con tres músicos de ascendencia mexicana del área de la bahía, el pianista Manuel Duran, el contrabajista Carlos Duran y el tumbador Edgar Rosales. Se puede escuchar al cuarteto en su primera grabación de jazz latino, *Mambo with Tjader*, lanzada en 1954. Durante los próximos años, Tjader hizo dos grabaciones legendarias, *Ritmo Caliente* y *Más Ritmo Caliente.* Estas grabaciones reunieron a Armando Peraza, Mongo Santamaría, Willie Bobo y Al McKibbon—la crema y nata de los hombres del ritmo afrocubano de la época—con el pianista Eddie Cano, el saxofonista José "Chombo" Silva y otros músicos latinos de mucha experiencia. Para 1958, los músicos provenientes de Nueva York, Mongo Santamaría y Willie Bobo, habían llegado a

MONGO SANTAMARÍA

"I was born in the Jesús María barrio of Havana. My grandfather was from the Congo, but I was very little [when he died], so I don't remember him too much. My grandmother used to take me to Santería ceremonies, where she cooked, in another barrio called Pogoloti. I basically taught myself to play bongos by watching other people. My mother wanted me to play violin, but I was fascinated by percussion.

"I got to know Chano Pozo in Havana . . . we worked together in a big show at the Tropicana cabaret. I played the bongos and he sang and danced. We also worked together backing up a show by Miguelito Valdés. I came to New York, after spending some time in Mexico City, not because I liked it, but because there was more opportunity. I really liked it in Mexico City, it was lots of fun and Cuban music was really big there, much more so than in New York, but economically it was much better here.

"When I started my own Latin jazz group, it was 1963, and some people were saying, 'What you're doing is crazy, you'll end up hocking those congas.' Our music was somewhere between Afro-Cuban music and jazz; the arrangements were jazz-oriented and the rhythms were Cuban. After the first six months we had a big hit with Herbie Hancock's 'Watermelon Man.' Then we started playing everywhere, in all the important jazz clubs, in Los Angeles, Las Vegas, Paris. Where I would like to go is Africa. I know a lot of African musicians—Fela, Makeba, Masakela—I've met African musicians all over. I would like to go to Africa and take a good band with me, with people like Armando Peraza in it!"

MONGO SANTAMARÍA

"Nací en el barrio Jesús María de La Habana. Mi abuelo era del Congo, pero yo era muy chiquito [cuando murió], así que no lo recuerdo mucho. Mi abuela me llevaba a las ceremonias de la santería, donde cocinaba, en otro barrio llamado Pogoloti. Prácticamente me enseñé a tocar el bongó viendo a otras personas. Mi madre quería que tocara el violín, pero a mí me fascinaba la percusión".

"Llegué a conocer a Chano Pozo en La Habana . . . trabajábamos juntos en un espectáculo grande en el cabaret Tropicana. Yo tocaba el bongó y él cantaba y bailaba. También trabajamos juntos en un espectáculo de Miguelito Valdés. Vine a Nueva York, después de pasar un tiempo en la Ciudad de México, no porque me gustara Nueva York, sino porque había más oportunidad. Me gustó mucho la Ciudad de México, la pasábamos bien y la música cubana tenía mucho auge allí, mucho más que en Nueva York, pero económicamente era mucho mejor aquí".

MONGO SANTAMARIA
our man in havana
featuring Willie Bobo, Merceditas Valdes, Niño Rivera, Macucho, Mario Arenas, Carlos Embale, Luis Santamaria, & the Cuban All-Stars

"Cuando comencé mi propio grupo de jazz latino, era en 1963, y algunos decían: 'Lo que estás haciendo es una locura, acabarás empeñando esas congas'. Nuestra música estaba entre música afrocubana y jazz; los arreglos tenían una orientación de jazz y los ritmos eran cubanos. Después de los primeros seis meses tuvimos un gran éxito con 'Watermelon Man' de Herbie Hancock. Entonces empezamos a tocar por todos lados, en todos los clubes de jazz importantes, en Los Ángeles, Las Vegas, París. Adonde me gustaría ir es a África. Conozco a muchos músicos africanos—Fela, Makeba, Masakela—he conocido a músicos africanos por todos sitios. Me gustaría ir a África y llevar un buen grupo conmigo, ¡con gente como Armando Peraza!"

left: Mongo Santamaría, *Our Man in Havana.* Fantasy Records, 1960.

izquierda: Mongo Santamaría, *Our Man in Havana.* Fantasy Records, 1960.

above: Mongo Santamaría.

arriba: Mongo Santamaría.

SHAKING HANDS WITH MONGO

by Martín Espada

Mongo's open hands:
huge soft palms
that drop the hard seeds
of conga with a thump,
shaken by the god of hurricanes,
raining mambo coconuts
that do not split
even when they hit the sidewalk,
rumbling incantation
in the astonished dancehall
of a city in winter,
sweating in a rush of A-train night,
so that Chano Pozo,
maestro of the drumming Yoruba heart,
howling Manteca in a distant coro,
hears Mongo, and yes,
begins to bop
a slow knocking bolero of forgiveness
to the nameless man
who shot his life away
for a bag of tecata
in a Harlem bar forty years ago

DÁNDOLE LA MANO A MONGO

por Martín Espada

Las manos abiertas de Mongo:
palmas enormes y blandas
que dejan caer las duras semillas
de la conga con un retumbao,
sacudidas por el dios de los huracanes,
lloviendo cocos de mambo
que no se rompen
aún cuando se estrellan contra la acera,
cantos resonando
en la sala de baile atónita
de una ciudad invernal,
sudando en un apuro de noche del tren A,
para que Chano Pozo,
maestro del corazón percusivo Yoruba,
aullando Manteca en un coro distante,
oiga a Mongo y sí,
comience un bolero
lentamente percusivo de perdón
para el hombre sin nombre
que le tiró la vida
por una bolsa de tecata
en un bar de Harlem
hace cuarenta años

right: Rolando Lozano

derecha: Rolando Lozano

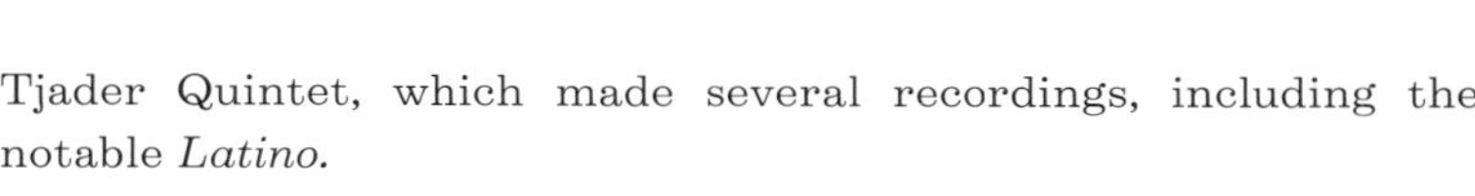

Tjader Quintet, which made several recordings, including the notable *Latino.*

Before joining up with Cal Tjader, percussionist Mongo Santamaría had traveled to the United States after a long career as a *bongosero* in Cuban dance bands, a job he had supplemented by working as a mailman in Havana. He was active with several dance bands in New York City and performed for a while with Pérez Prado in the United States. Santamaría recorded several important albums of Afro-Cuban folkloric themes with Tito Puente in the mid-1950s, and then he left New York to join Cal Tjader in San Francisco. While playing with Tjader, Santamaría composed a tune that would soon become a jazz standard: "Afro-Blue." In the early 1960s, he formed his own group, which he led for the next three decades. As a bandleader Santamaría did much to spread the popularity of the conga drums in American music. His 1962 version of Herbie Hancock's "Watermelon Man" was the

left: Willie Bobo.

izquierda: Willie Bobo.

San Francisco para formar parte del Cal Tjader Quintet, el cual hizo varias grabaciones, entre ellas la destacada *Latino.*

Antes de unirse a Cal Tjader, el percusionista Mongo Santamaría había viajado a los Estados Unidos después de una larga carrera como bongosero para orquestas de baile cubanas, un trabajo que había complementado al trabajar de cartero en La Habana. Había estado muy activo en varias orquestas de baile en la ciudad de Nueva York y se había presentado por un tiempo con Dámaso Pérez Prado en los Estados Unidos. Santamaría grabó varios álbumes importantes con temas del folclor afrocubano con Tito Puente a mediados de los años cincuenta, y luego se fue de Nueva York para unirse al grupo de Cal Tjader en San Francisco. Mientras tocaba con Tjader, Santamaría compuso una melodía que muy pronto se convertiría en un clásico del jazz: "Afro-Blue". A principios de los años sesenta, formó su propio grupo, al cual dirigió durante las próximas tres décadas. Como director de banda, Santamaría hizo mucho por diseminar la popularidad de las congas en la música popular estadounidense. Su versión de 1962 del tema de Herbie Hancock, "Watermelon Man", fue el primer

left: Cal Tjader with Al McKibbon at the Hollywood Palladium, late 1950s.

izquierda: Cal Tjader con Al McKibbon en el Hollywood Palladium, fines de los años cincuenta.

first hit tune on mainstream American radio to feature the sound of genuine Afro-Cuban conga drums.

Willie Bobo, who would also play with Tjader, was born in New York of Puerto Rican parents in 1934. He became a superb percussionist, excelling at timbales, bongos, and congas. He played with various groups and was mentored by Mongo Santamaría and Armando Peraza. In the early 1950s he became the bongo player in Tito Puente's band, forming a superior rhythm section with Tito on timbales and Mongo on the congas. While with Puente, Bobo also recorded with George Shearing and Mary Lou Williams before moving to the West Coast in 1957. A percussionist known for his economy of expression, he played some of the most exciting, flashy timbales solos ever recorded.

In 1965, Cal Tjader brought together Willie Bobo and Armando Peraza for the release of a new album, *Soul Sauce,* a remake of an old Chano Pozo tune, "Guachi Guaro." It sold 150,000 copies, a new record for Latin jazz recordings.

éxito popular tocado en las principales emisoras estadounidenses que ofrecía el sonido de las auténticas congas afrocubanas.

Willie Bobo, quien también tocó con Tjader, nació en Nueva York de padres puertorriqueños en 1934. Se convirtió en un percusionista muy destacado, sobresaliendo en los timbales, el bongó y las congas. Tocó en varios grupos y estuvo bajo la tutela de Mongo Santamaría y Armando Peraza. A principios de los años cincuenta se convirtió en bongosero de la orquesta de Tito Puente, conformando una sección rítmica superior con Tito en los timbales y Mongo en las congas. Mientras estaba con Puente, Bobo también grabó con George Shearing y Mary Lou Williams antes de trasladarse a la costa oeste en 1957. Un percusionista conocido por su economía de expresión, tocó algunos de los solos de timbales más excitantes y grandiosos jamás grabados.

En 1965 Cal Tjader reunió a Willie Bobo y Armando Peraza para el lanzamiento de su nuevo álbum, *Soul Sauce,* una versión nueva de una vieja melodía de Chano Pozo, "Guachi Guaro". Vendió 150,000 copias, un nuevo récord para las grabaciones de jazz latino.

right: Cal Tjader, *Soul Sauce.* Verve, 1965.

derecha: Cal Tjader, *Soul Sauce.* Verve, 1965.

left: Carlos "Patato" Valdés dancing on drums as Mario Bauzá watches.

izquierda: Carlos "Patato" Valdés bailando encima de los tambores mientras Mario Bauzá lo observa.

CARLOS "PATATO" VALDÉS

"I learned to play *rumba* using wooden boxes in my barrio in Havana. My first instrument was the *tres;* my father taught me. I also played the bass and the *marímbula.* When I was thirteen, I was playing in Carnival street bands. I started playing professionally when I was eighteen.

"As a kid I won prizes dancing. I learned to dance by myself: *rumba, abakuá, son, son montuno, danzón.* My father taught me *son* and *rumba* but I had to be different, I had new ideas . . . my own steps. Later on television I developed some dances that the kids loved, like 'The Penguin,' 'The Towel,' and 'The Corkscrew.'"

"When I was about eighteen, sometimes we'd have *rumbas* in Mongo Santamaría's house in Havana. There would be ten or twelve drummers and singers, we'd take turns playing and singing . . . we'd cook and drink rum and beer . . . the owner of the house would finally put a stop to it.

"'Patato' is a nickname for a short person. I had many nicknames; in my barrio people called me 'shorty' and 'sink plug.' In school the other kids called me Patato. When I was playing with Armando Peraza at this nightclub, the Zombie Club, for American tourists and wealthy Cubans, people started calling me El Zombito."

CARLOS "PATATO" VALDÉS

"Aprendí a tocar la rumba usando cajones de madera en mi barrio de La Habana. Mi primer instrumento fue el tres; me enseñó mi padre. También tocaba el contrabajo y la marímbula. Cuando tenía trece años, tocaba en las comparsas de carnaval. Empecé a tocar profesionalmente cuando tenía dieciocho años".

"De niño gané premios de baile. Aprendí a bailar yo solo: rumba, abakuá, son, son montuno, danzón. Mi padre me enseñó el son y la rumba pero yo era diferente, tenía ideas nuevas . . . mis propios pasos. Más tarde en televisión elaboré unos bailes que les encantaban a los niños, como 'El pingüino', 'La toalla' y 'El tirabuzón'".

"Cuando tenía unos dieciocho a veces hacíamos rumbas en casa de Mongo Santamaría en La Habana. Había diez o doce percusionistas y cantantes, nos turnábamos tocando y cantando . . . cocinábamos y bebíamos ron y cerveza . . . el dueño de casa finalmente lo daba por terminado".

"'Patato' es un apodo para una persona de corta estatura. Tuve muchos apodos; en mi barrio la gente me llamaba 'remache' y 'tapón de bañadera'. En la escuela otros niños me decían Patato. Cuando estaba tocando con Armando Peraza en su centro nocturno, el Zombie Club, para turistas norteamericanos y cubanos ricos, la gente me empezó a llamar 'El zombito'".

VOICE OF THE CONGA

By the late 1950s, Latin jazz could by no means be considered a mere passing novelty—it was now an established part of the jazz world. It was common practice for groups to produce Latin jazz versions of jazz standards and jazz versions of Latin songs. Musicians also increasingly composed and played tunes designed specifically for the Latin jazz idiom. While certain core groups—specifically those led by Shearing, Tjader, and Santamaría—were the main proponents of the form, other jazz musicians began to cultivate Latin jazz, albeit on a smaller scale. A few African American jazz artists recorded entire albums in this mode, including Sonny Rollins, Yusef Lateef, Eddie "Lockjaw" Davis, Hubert Laws, and Sonny Stitt. Renowned saxophonist John Coltrane recorded Mongo Santamaría's tune "Afro-Blue" so often that many think it was Coltrane's own composition. One musician who played Latin jazz with enthusiasm was flutist Herbie Mann, who for several years showcased the drumming skills of Carlos "Patato" Valdés and José "Buyú" Mangual in recordings and live performances.

A master innovator on the conga drums, Patato Valdés came to prominence in Cuba in the early 1950s as the conga player for the popular dance band Conjunto Casino. ("Patato" is a nickname that refers to Valdés's short stature, roughly translatable as "shorty.") Valdés moved to New York in the early 1950s, eventually joining the Machito band. In the late 1950s he toured Africa with Herbie Mann, and in the 1960s he made a number of important recordings of Cuban folkloric music. Known for his ability to play several tuned congas at once and for extracting melodic tones from his drums, Valdés became widely hailed for his expert use of the conga drums in both Cuban dance music and Latin jazz.

left: Carlos "Patato" Valdés.

izquierda: Carlos "Patato" Valdés.

LA VOZ DE LAS CONGAS

Para fines de los años cincuenta, el jazz latino de ninguna manera podía ser considerado como una novedad pasajera; formaba ya parte del mundo del jazz establecido. Era una práctica común el que los grupos lanzaran versiones de piezas clásicas de jazz y versiones jazzísticas de melodías latinas. Los músicos también componían y tocaban cada vez más melodías diseñadas específicamente para el lenguaje musical del jazz latino. Mientras ciertos grupos medulares—concretamente aquéllos dirigidos por Shearing, Tjader y Santamaría—eran los principales proponentes de la forma, otros músicos de jazz empezaron a cultivar el jazz latino, aunque en pequeña escala. Varios artistas afroamericanos grabaron álbumes enteros en esta modalidad, entre ellos Sonny Rollins, Yusef Lateef, Eddie "Lockjaw" Davis, Hubert Laws y Sonny Stitt. El renombrado saxofonista John Coltrane grabó la melodía de Mongo Santamaría "Afro-Blue" con tanta frecuencia que muchos aún creen que se trata de una composición de Coltrane. Un músico estadounidense que tocaba el jazz latino con entusiasmo era el flautista Herbie Mann, quien por varios años hizo un despliegue de la maestría de Carlos "Patato" Valdés y José "Buyú" Mangual en los tambores, tanto en grabaciones como en presentaciones en vivo.

Un maestro innovador de las congas, "Patato" Valdés adquirió prominencia en Cuba a principios de los años cincuenta como el tumbador de la popular orquesta de baile Conjunto Casino. ("Patato" es el apodo de Valdés que hace alusión a su corta estatura.) Valdés se mudó a Nueva York a principios de los años cincuenta y, con el tiempo, se integró al grupo de Machito. A fines de los años cincuenta realizó una gira por África con Herbie Mann, y en los años sesenta hizo una serie de grabaciones importantes de música folclórica cubana. Conocido por su habilidad de tocar a la vez varias congas afinadas y de extraer sonidos melódicos de sus tambores, Valdés fue extensamente aclamado por su diestro uso de las congas en la música de baile cubana y el jazz latino.

right: José "Buyú" Mangual (left) with Luis Miranda, 1955.

derecha: José "Buyú" Mangual (izq.) con Luis Miranda, 1955.

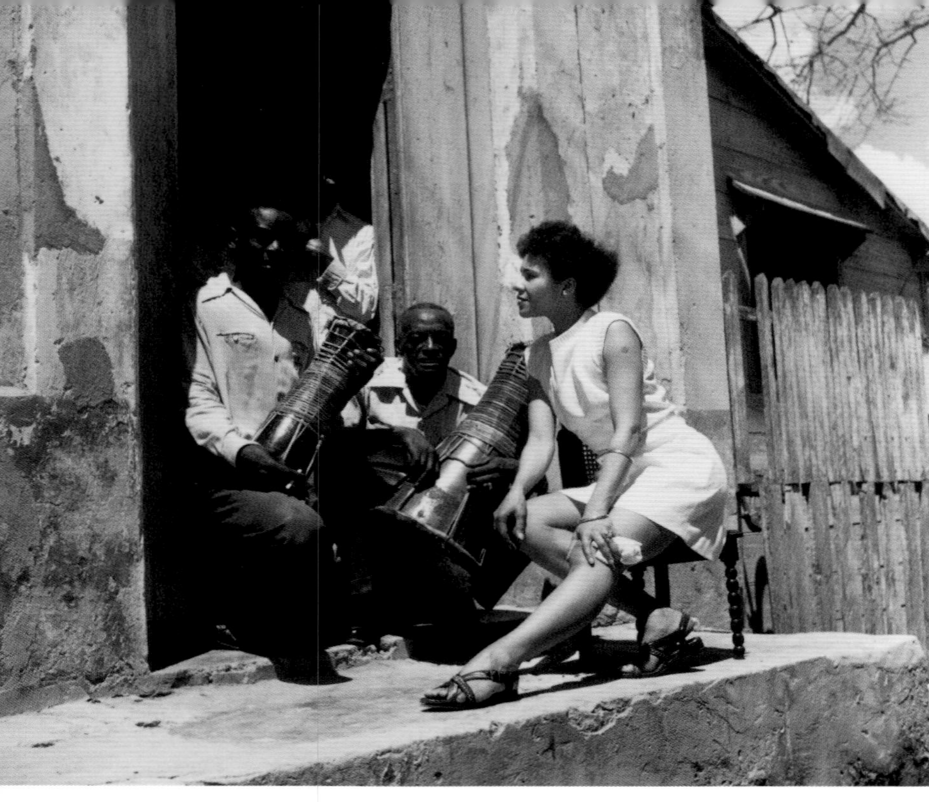

left: Anthropologist, dancer, and choreographer Katherine Dunham was instrumental in bringing several important Caribbean musicians, including Aguabella, to the United States in the 1940s and 1950s.

izquierda: Antropóloga, bailarina y coreógrafa Katherine Dunham fue instrumental en traer a varios músicos caribeños importantes, incluso Aguabella, a los Estados Unidos en los años cuarenta y cincuenta.

"I went to Africa with Herbie Mann—all over, Dakar, Sierra Leone, Monrovia, Congo, Nyasaland, Kenya, Zanzibar, Lagos . . . I played with African drummers, I could play all their drums, but they learned from me . . . because they did not know how to play congas."

Carlos "Patato" Valdés

In Mann's rhythm section Valdés paired up with José "Buyú" Mangual. One of the great *bongoseros* of all time, Mangual was born in Puerto Rico in 1924. He played for Machito and the Afro-Cubans from 1942 to 1959 and also recorded with Stan Kenton and Dizzy Gillespie before joining Mann and Patato. Like Cándido, he became a favorite sideman for many jazz musicians who felt comfortable with the steadiness and reliability of his bongo beat.

One of the most influential drummers to come to the United States in the late 1950s was Francisco Aguabella. Born in Matanzas, Cuba, in 1925, Aguabella learned the intricacies of Afro-Cuban drumming, in particular the *batá* drums of the Santería religion, at a very early age. Recruited by Katherine Dunham for her dance troupe, he traveled the world with her between 1954 and 1957. After his stint with Dunham, Aguabella moved to the United States, settling on the West Coast, where he recorded independently and with Mongo Santamaría. He later recorded with Dizzy Gillespie and Eddie Palmieri. Since the 1950s, Aguabella has

"Fui a África con Herbie Mann, anduvimos por todos lados, Dakar, Sierra Leona, Monrovia, Congo, Nyassalandia, Kenia, Zanzíbar, Lagos . . . toqué con los percusionistas africanos, yo podía tocar todos sus tambores, pero ellos aprendieron de mí . . . porque no sabían tocar las congas".

Carlos "Patato" Valdés

En la sección rítmica de Herbie Mann, Patato hizo pareja con José "Buyú" Mangual. Uno de los grandes bongoseros de todos los tiempos, Mangual nació en Puerto Rico en 1924. Tocó con Machito and the Afro-Cubans de 1942 a 1959 y también grabó con Stan Kenton y Dizzy Gillespie antes de unirse a Mann y Valdés. Como Cándido Camero, Mangual se convirtió en uno de los acompañantes predilectos de muchos músicos de jazz quienes se sentían a gusto con la constancia y fiabilidad del compás de su bongó.

Uno de los percusionistas de mayor influencia que llegara a los Estados Unidos a fines de los años cincuenta fue Francisco Aguabella. Nacido en Matanzas, Cuba, en 1925, Aguabella aprendió la complejidad de las percusiones afrocubanas, en particular los tambores batá de la Santería, desde temprana edad. Contratado por Katherine Dunham para su compañía de danza, recorrió el mundo con ella entre 1954 y 1957. Después de su estancia con Dunham, Aguabella se mudó a los Estados Unidos, instalándose en la costa oeste donde grabó de manera independiente y con Mongo Santamaría. Más tarde grabaría con Dizzy Gillespie y Eddie Palmieri. A partir de los años cincuenta, Aguabella ha tocado los

left: Francisco Aguabella.

izquierda: Francisco Aguabella.

FRANCISCO AGUABELLA

"In Cuba I belonged to the *abakuá* religion, which has a lot of restrictions. I joined when I was eighteen and played the drums of the *abakuá.* My father played in the *arará,* my mother belonged to the *arará,* and also to the *iyesá,* she was an *iyesá santera.* When I was twelve years old I started to play *batá,* first the *okónkolo* drum for two years, then the *itótele* for three years, before I started playing the *Iyá* drum. After two years I had mastered the *Iyá.*

"I used to play *quinto* drum for the Los Dandys de Belén *comparsa* in Havana. We played hard—it was very physical, marching and playing for hours—but it was for fun. There was little money. Counting rehearsals, we probably played about four months, and if we got a prize, maybe I made $25 total! But we felt rich, because we did it for the pleasure.

"When I was in Italy with the Katherine Dunham dance company—we were filming the movie *Mambo* with Shelley Winters, Anthony Quinn, and Silvana Mangano—I had trouble with the language and could not order in restaurants. I just wanted to eat rice, beans, and beef, so I learned to say 'risotto, fagioli, panino, e esteca,' and I ate that every day for four months. Then, when I was working with Frank Sinatra in Vegas, he would introduce the band members and he would say, 'My percussionist, from Italy, Francisco Aguabella.'"

FRANCISCO AGUABELLA

"En Cuba pertenecía a la religión *abakuá,* que tiene muchas restricciones. Me integré cuando tenía dieciocho años y tocaba los tambores del *abakuá.* Mi padre tocaba en el *arará,* mi madre pertenecía al *arará,* y también al *iyesá,* era una santera *iyesá.* Cuando tenía doce años empecé a tocar *batá,* primero el tambor *okónkolo* por dos años, luego el *itótele* por tres años, antes de empezar a tocar el tambor *iyá.* Después de dos años ya dominaba el *iyá".*

"Solía tocar el tambor quinto para la comparsa Los Dandys de Belén en La Habana. Tocábamos duro—era algo muy físico, marchar y tocar por horas—pero lo hacíamos por gusto. No lo hacíamos por dinero. Contando los ensayos, probablemente tocábamos por cuatro meses y, si ganábamos el premio, ¡tal vez sacaba $25 en total! Pero nos sentíamos ricos, porque lo hacíamos por placer".

"Cuando estuve en Italia con la compañía de danza de Katherine Dunham—estábamos filmando la película *Mambo* con Shelley Winters, Anthony Quinn y Silvana Mangano—tenía problemas con el idioma y no podía ordenar en los restaurantes. Yo sólo quería comer arroz, frijoles y carne de res, así que aprendí a decir 'risotto, fagioli, panino e esteca', y comí eso todos los días por cuatro meses. Luego, cuando estaba trabajando con Frank Sinatra en Las Vegas, él presentaba a los miembros de la banda y decía, 'Mi percusionista, de Italia, Francisco Aguabella'".

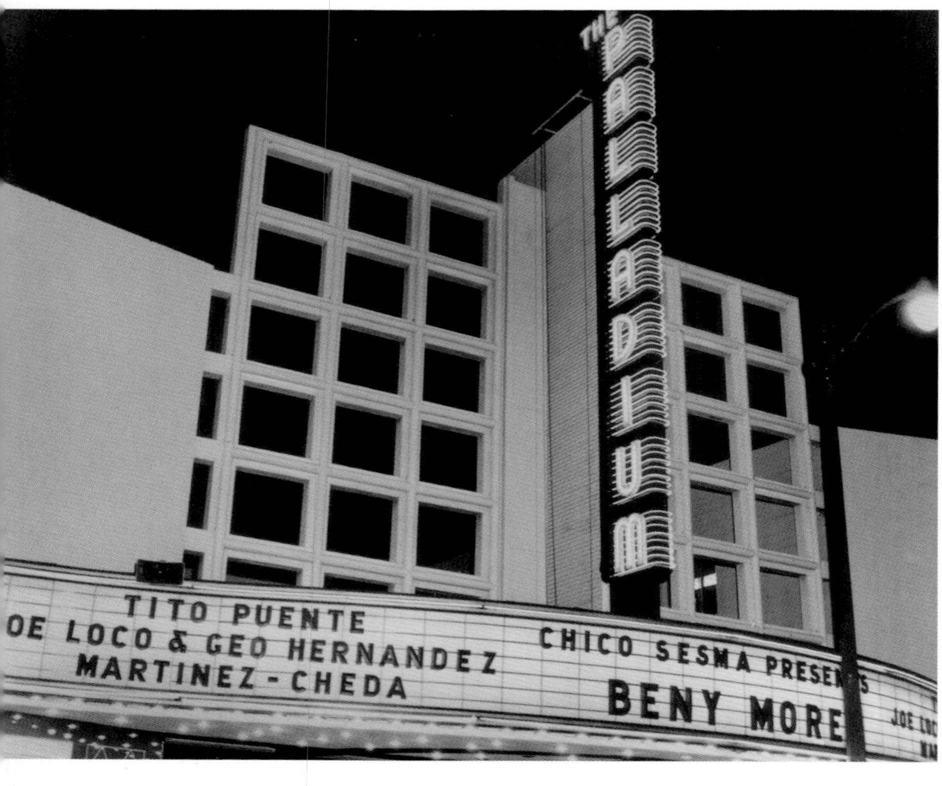

left: Marquee of the Hollywood Palladium announcing the performances of Tito Puente and Beny Moré, late 1950s.

izquierda: Marquesina del Hollywood Palladium anunciando las actuaciones de Tito Puente y Beny Moré, a fines de los años cincuenta.

worked as a ceremonial drummer at religious events and as a teacher of Afro-Cuban religious drumming. Aguabella represents the link between Latin jazz and the sacred drumming traditions that came to the Americas with African slaves over the course of centuries.

By the end of the 1950s, many American musicians had picked up conga drumming techniques and followed in the paths of older Cuban and Puerto Rican masters. New York–born Ray Barretto replaced Mongo Santamaría in the Tito Puente band in 1957, when Mongo left to join Cal Tjader in San Francisco. Known as "Hard Hands," Barretto also recorded during this time as a sideman for jazz leaders such as Red Garland and Herbie Mann. After becoming a bandleader in the early 1960s, Barretto led various ensembles over the ensuing decades that were either straight-ahead jazz groups with a conga tinge or rousing salsa groups for dancing.

tambores ceremoniales en eventos religiosos y se ha desempeñado como maestro de percusión religiosa afrocubana. Aguabella representa el eslabón entre el jazz latino y las tradiciones sagradas de la percusión que llegaron a las Américas con los esclavos africanos a través de los siglos.

Para fines de los años cincuenta, muchos músicos estadounidenses habían aprendido técnicas percusivas para tocar las congas y habían seguido los pasos de los maestros cubanos y puertorriqueños de mayor edad. Ray Barretto, nacido en Nueva York, reemplazó a Mongo Santamaría en la orquesta de Tito Puente en 1957, cuando Mongo partió para unirse a Cal Tjader en San Francisco. Conocido como "Manos duras", Barretto también grabó durante este tiempo como acompañante para los líderes del jazz tales como Red Garland y Herbie Mann. Después de convertirse en director de banda a principios de los años sesenta, Barreto dirigió varios combos durante las siguientes décadas, ya fueran grupos de jazz puro con un matiz de conga o un electrizante grupo de salsa para bailar.

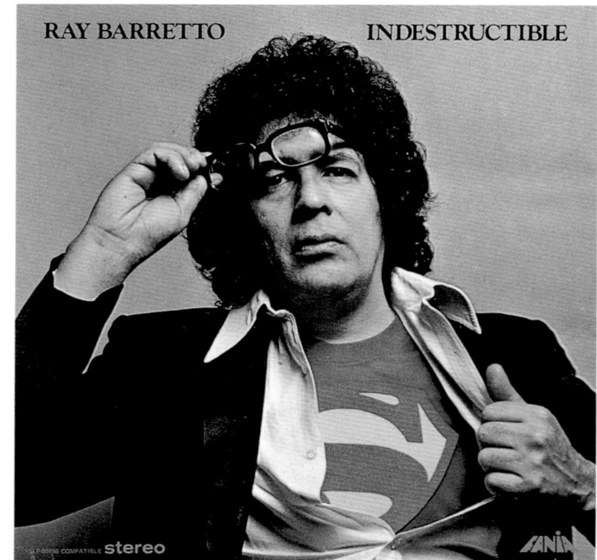

right: Ray Barretto, *Indestructible.* Fania Records, 1973.

derecha: Ray Barretto, *Indestructible.* Fania Records, 1973.

below: Legendary Cuban singer and bandleader Beny Moré appeared at the Hollywood Palladium in 1958, where he was accompanied by the Tito Puente Orchestra.

abajo: El legendario cantante y director de banda cubano Beny Moré se presentó en el Hollywood Palladium en 1958, donde fue acompañado por la Tito Puente Orchestra.

left: Nat "King" Cole.

izquierda: Nat "King" Cole.

right: Julio Gutierrez, *Cuban Jam Session, Volume I.* Panart Records, 1956.

derecha: Julio Gutiérrez, *Cuban Jam Session, Volume I.* Panart Records, 1956.

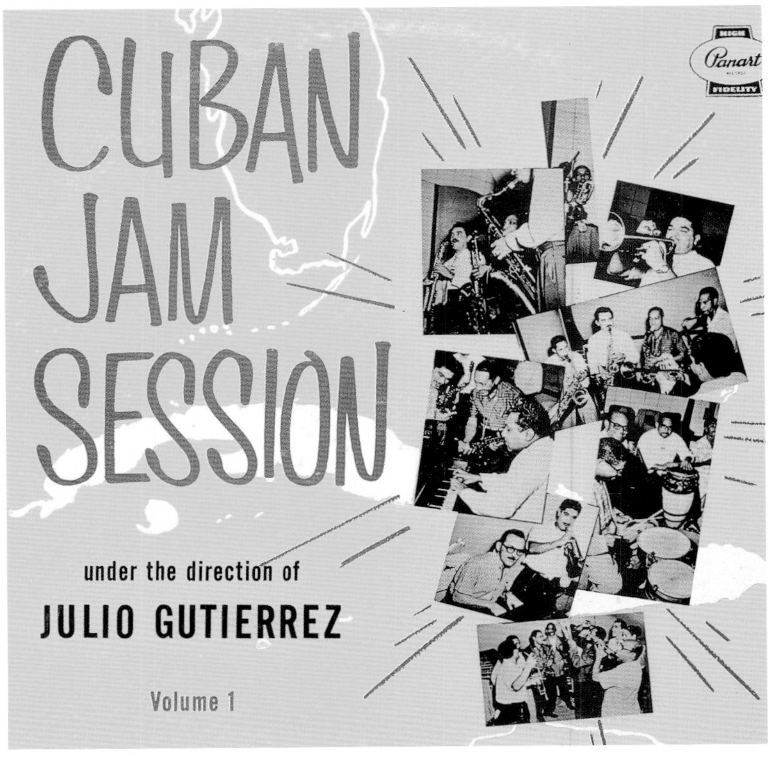

CARIBBEAN JAM

As Afro-Cuban percussionists made their mark on Latin jazz in the United States, many U.S. jazz musicians continued a trend (started in the 1920s) of visiting Cuba to perform. Cab Calloway, Nat "King" Cole, Sarah Vaughn, Stan Getz, and many other artists appeared in Havana during the 1950s.

In 1958, the Club Cubano de Jazz—the brainchild of Leonardo Acosta, Frank Emilio Flynn, Jesús Caunedo, Walfredo de los Reyes, Orlando Hernandez, and Cachaito—was formed to promote musical relationships and exchange between Cuban and American jazz musicians and audiences. Musicians from the States played in concerts and impromptu jam sessions with Cubans. These remarkable historic events did much to keep Latin jazz alive in both countries.

Exposure to American jazz encouraged Cuban musicians to study the rich potential for instrumental improvisation latent in Cuban popular music. In earlier times, melodic instruments were used to accompany singers or provide music for dancing; now musicians explored the musical range of their instruments for its own sake, a trend that synergized with the development of Latin jazz.

DESCARGA CARIBEÑA

Al mismo tiempo que los percusionistas afrocubanos dejaban su huella en el jazz latino de los Estados Unidos, muchos músicos estadounidenses siguieron la tendencia (que comenzó en los años veinte) de viajar a Cuba para dar presentaciones. Cab Calloway, Nat "King" Cole, Sarah Vaughn, Stan Getz y muchos otros artistas aparecieron en La Habana durante los años cincuenta.

En 1958 el Club Cubano de Jazz—la creación conjunta de Leonardo Acosta, Frank Emilio Flynn, Jesús Caunedo, Walfredo de los Reyes, Orlando Hernandez y Orlando "Cachaíto" López—fue formado para promover las relaciones y el intercambio musicales entre los músicos de jazz cubanos y estadounidenses, y sus públicos. Los músicos de los Estados Unidos tocaban en conciertos y sesiones de improvisación espontáneas con los cubanos. Estos extraordinarios eventos históricos contribuyeron en gran medida a que el jazz latino siguiera vivo en ambos países.

El contacto con el jazz estadounidense estimuló a los músicos cubanos a estudiar el rico potencial para la improvisación instrumental latente en la música popular cubana. En épocas anteriores, los instrumentos melódicos se usaban para acompañar a los cantantes o para brindar música de baile; ahora los músicos

below: Israel "Cachao" Lopez.

abajo: Israel "Cachao" López.

ISRAEL "CACHAO" LÓPEZ

"African music is extremely rich harmonically. It is incredible music, but it is not taught at conservatories. I would hear African melodies when I was little. Before I understood music I thought they were pretty, but later, when I was able to hear what was happening technically, I said to myself, 'These people were really geniuses.' That's why a lot of musicians have been going to Africa, to become well informed about African music.

"There was always interest in jazz in Cuba from the earliest times. There were of course some periods of decline in interest. What I mean is that people who played jazz sometimes switched to play other things—like mambo, *danzón,* cha-cha-cha—which they still played with the jazz band format. So, the bands remained the same only for a while they did not play jazz.

"Between 1950 and 1960 there were many clubs where jazz was played. Famous jazz musicians from New York, Los Angeles, and Washington came to Cuba to play, like Nat 'King' Cole and Stan Kenton. Milt Hinton and I became good friends, like brothers, we got along so well. We played together in Cuba, for fun, jamming with a pianist sometimes.

"One time I was vacationing in New York and had to get my hair cut, so I went to this barber, who was Duke Ellington's barber. He was a Puerto Rican by the last name Hernández. So he says to me, 'Man, I would like for you to meet El Duque.' 'How come?' I said. 'Because I gave him some of your recordings, like "Canta contrabajo," and he wants to meet you very much.' But the Duke was in Turkey and was not returning until the week after I had already gone."

ISRAEL "CACHAO" LÓPEZ

"La música africana es sumamente rica armónicamente. Es una música increíble, pero no se enseña en los conservatorios. Yo escuchaba melodías africanas cuando era chiquito. Antes de que supiera de música me parecía lindo, pero después, cuando pude escuchar lo que estaba pasando técnicamente, me dije: 'Estas personas eran realmente genios'. Es por eso que muchos músicos han estado yendo a África, para tener un mejor conocimiento de la música africana".

"Siempre ha habido un interés en el jazz en Cuba, desde un principio. Por supuesto ha habido períodos en que este interés ha disminuido. Lo que quiero decir es que la gente que tocaba jazz a veces tocaba otras cosas—como mambo, danzón, cha-cha-chá—mientras todavía tocaban dentro del formato de un *jazz band.* De manera que los grupos eran los mismos, sólo que por una época no tocaban jazz".

"Entre 1950 y 1960 había muchos clubes donde se tocaba jazz. Músicos de jazz famosos de Nueva York, Los Ángeles y Washington venían a tocar a Cuba, como Nat 'King' Cole y Stan Kenton. Milt Hinton y yo nos hicimos buenos amigos, como hermanos, nos llevábamos tan bien. Tocamos juntos en Cuba, por gusto, a veces improvisando con un pianista".

"Una vez estaba de vacaciones en Nueva York y tenía que cortarme el pelo, así que fui con este peluquero, que era el peluquero de Duke Ellington. Era un puertorriqueño de apellido Hernández. Así que me dice: 'Hombre, me gustaría que conociera a El Duque'. '¿Por qué?' dije. 'Porque le di algunas de sus grabaciones, como "Canta contrabajo", y tiene muchas ganas de conocerlo'. Pero El Duque estaba en Turquía y no iba a regresar hasta la semana después de que ya me había ido".

right: Arsenio Rodriguez at the Tico-Alegre All Star Jam Session, Village Gate, New York, 1969.

derecha: Arsenio Rodríguez en el Tico-Alegre All Star Jam Session, Village Gate, Nueva York, 1969.

An important recording of this new improvisational trend occurred in 1956, when the Cuba-based Panart record company hosted a party to promote an album planned for pianist Julio Gutiérrez. Musicians were invited to come with their instruments and encouraged to play, not totally aware that Panart would record the event. Pianist Pedro "Peruchín" Jústiz and vocalist Francisco Fellove's outstanding improvised performances, backed by guitarist José Antonio Méndez, flutist Pablo Miranda, tenor saxophonist José "Chombo" Silva, Alejandro "El Negro" Vivar on trumpet, Marcelino Valdés on congas, and Walfredo de los Reyes on timbales, resulted in the superb recording titled *Cuban Jam Session,* released by Panart six months later.

Shortly after, the famed Cuban bassist Israel "Cachao" López recorded a memorable session of Cuban *descargas* (a term roughly equivalent to the English "jam session"). Cachao was

exploraban la gama musical de sus instrumentos por sí mismos, una tendencia que creó una sinergia con el desarrollo del jazz latino.

Una grabación importante de esta nueva tendencia de improvisación ocurrió en 1956 cuando Panart, la compañía discográfica con sede en Cuba, ofreció una fiesta para promover un álbum planeado para el pianista Julio Gutiérrez. Se invitó a los músicos a asistir con sus instrumentos y se les animó a tocar, no del todo conscientes de que Panart iba a grabar el evento. Las excepcionales actuaciones improvisadas del pianista Pedro "Peruchín" Jústiz y el vocalista Francisco Fellove, acompañados a la guitarra por José Antonio Méndez, el flautista Pablo Miranda, el saxofón tenor José "Chombo" Silva, Alejandro "El Negro" Vivar en la trompeta, Marcelino Valdés en las congas y Walfredo de los Reyes en los timbales, resultaron en la espléndida grabación titulada *Cuban Jam Session,* lanzada por Panart seis meses después.

Poco después, el famoso contrabajista cubano Israel "Cachao" López grabó una sesión memorable de descargas cubanas

already the first to record a Cuban music bass solo, "Canta contrabajo" (Sing, Bass!), an improvisation on a theme by Sergei Koussevitzky. He was a veteran of the famed Arcaño *charanga* and one of the originators of the mambo, as well as a classical music performer. In 1957, he brought together some of the best musicians in Havana to record the anthologic *Cuban Jam Sessions in Miniature.*

> ***"There has always been improvisation in Cuban music . . . in the* danzón *the flute improvises, in the* rumba *the* quinto *does the same . . . with the* descargas *what Cachao did was to systematically get every musician in the group to take turns improvising."*** *Carlos del Puerto*

(un término más o menos equivalente al término inglés *"jam session").* Cachao ya había sido el primero en grabar un solo de contrabajo de música cubana, "Canta contrabajo", una improvisación sobre un tema de Sergei Koussevitzky. Cachao era un veterano de la afamada charanga de Arcaño y uno de los creadores del mambo, así como un intérprete de música clásica. En 1957 reunió a algunos de los mejores músicos de La Habana para grabar la pieza de colección *Cuban Jam Sessions in Miniature.*

> ***"Siempre ha habido improvisación en la música cubana . . . en el danzón la flauta improvisa, en la rumba el quinto hace lo mismo . . . con las descargas lo que Cachao logró fue hacer que cada músico en el grupo se turnara, de manera sistemática, para improvisar".*** *Carlos del Puerto*

below: Tata Güines, Havana, 1960s.

abajo: Tata Güines, La Habana, años sesenta.

TATA GÜINES

"When we recorded the famous *descargas* with Cachao we got to the studio at five in the morning because we all had gigs in different places. It was a historic recording session, without arrangements or anyone really knowing what we were going to do. Cachao would just say, 'We're going to do this.' It's a way Cuban musicians have of doing things—we did not need any written music. Almost everything we recorded was without piano, just percussion, bass, and vocals. *Cachao y Su Ritmo Caliente* was a record that turned into a school—or so they tell me in Europe—we revolutionized the world of *descargas.*

"I played for a lot of groups. I came to Havana for the first time to play with Arsenio Rodríguez. Later I played the conga with the Hermanos Camacho Conjunto, with Mongo Santamaría playing the bongos. For me, as a conga and bongo player, Armando Peraza was someone to be admired—the same goes for Cándido Camero. The names we have made for ourselves took years of hard work and sacrifice."

TATA GÜINES

"Cuando grabamos las famosas descargas con Cachao llegamos al estudio a las cinco de la mañana pues todos teníamos trabajo en diferentes lugares. Fue una sesión de grabación histórica, sin arreglos y sin que nadie supiera realmente qué íbamos a hacer. Cachao sólo decía: 'Vamos a hacer esto'. Es una manera que tienen los músicos cubanos de hacer las cosas: no teníamos ningunos papeles. Casi todo lo que grabamos fue sin piano, sólo la percusión, el contrabajo y las voces. *Cachao y Su Ritmo Caliente* fue un disco que se convirtió en escuela—o eso me dicen en Europa—revolucionamos el mundo de las descargas".

"Toqué para muchos grupos. Vine a La Habana por primera vez para tocar con Arsenio Rodríguez. Después toqué las congas con el Conjunto de los Hermanos Camacho, con Mongo Santamaría tocando el bongó. Para mí, como tumbador y bongosero, Armando Peraza era alguien digno de admiración, al igual que Cándido Camero. Nos llevó años de trabajo arduo y sacrificio hacernos de un nombre".

right: Cachao y su Ritmo Caliente, *"Descargas," Cuban Jam Sessions in Miniature*. Panart Records, 1957.

derecha: Cachao y su Ritmo Caliente, *"Descargas," Cuban Jam Sessions in Miniature*. Panart Records, 1957.

Cachao's *descargas* brought a number of musicians to prominence, including another master percussionist. Tata Güines had begun his career playing for the Arsenio Rodríguez Conjunto in the late 1940s. He performed with other groups such as the Conjunto Camacho—in which Mongo Santamaría played the bongos—before joining the famed Fajardo *charanga* in the 1950s. His inspired, elegant, extended improvisations on congas in the Cachao recording brought him wide attention, and he took his one-man, multi-conga drum show to New York in the late 1950s. His style on the congas has been compared to that of a pianist because of his remarkable playing technique. He developed a seemingly effortless method that allowed him to combine the rhythmic patterns of his left hand with a wide variety of right-hand slaps and open tones to produce long, melodic phrases on the conga drums.

Las descargas de Cachao hicieron que una serie de músicos adquirieran prominencia, incluso Tata Güines, otro maestro percusionista. Güines había comenzado su carrera tocando para el Conjunto de Arsenio Rodríguez a fines de los años cuarenta. Tocó con otros grupos tales como el Conjunto Camacho—en el cual Mongo Santamaría tocaba el bongó—antes de integrarse a la afamada charanga de Fajardo en los años cincuenta. Sus inspiradas, elegantes y extensas improvisaciones en las congas en la grabación de Cachao llamaron mucho la atención, y a fines de los años cincuenta llevó su espectáculo de varias congas tocadas por él solo a Nueva York. Su estilo en las congas ha sido comparado al de un pianista debido a su sobresaliente técnica de ejecución. Desarrolló un método, en apariencia sin esfuerzo, que le permitía combinar los patrones rítmicos de la mano izquierda con una gran variedad de golpes y sonidos abiertos con la mano derecha para producir frases largas y melódicas en las congas.

4

TRADITION AND INNOVATION

TRADICIÓN E INNOVACIÓN

"Latin jazz is an art of musical inclusion."

"El jazz latino es un arte de inclusión musical". Danilo Lozano

Exploring various traditions and moving across musical boundaries became characteristic of Latin jazz as it grew and developed. New generations of Latin jazz musicians not only explored the Afro-Cuban roots of the genre but incorporated elements from other countries and musical cultures as well. Latin jazz began to acquire new elements as it became common for musicians to crisscross between jazz, Latin jazz, salsa, and rock and roll.

Latin jazz was begun by blending Afro-Cuban percussion with the established harmonic conventions and timbres of American jazz. In the early 1960s, Latin jazz's dependence on percussionists for its Caribbean sound was broken by a new wave of instrumentalists. First pianists and later saxophonists, flutists, trumpet players, and others brought Puerto Rican and Cuban themes and the diction and phrasing of Afro-Cuban melodies into Latin jazz.

La exploración de diversas tradiciones y la incursión a través de fronteras musicales vino a caracterizar el jazz latino a medida que éste creció y se desarrolló. Las nuevas generaciones de los músicos de jazz latino exploraron no sólo las raíces afrocubanas del género sino también incorporaron elementos de otros países y otras culturas musicales. El jazz latino comenzó a adquirir nuevos elementos a medida que se convirtió en práctica común que los músicos entremezclaran el jazz, el jazz latino, la salsa y el rock and roll.

El jazz latino comenzó con la combinación de la percusión afrocubana con las convenciones armónicas y los timbres establecidos del jazz estadounidense. A principios de los años sesenta, la dependencia del jazz latino de los percusionistas para su sonido caribeño llegó a su fin con una nueva ola de instrumentistas. Primero los pianistas, después los saxofonistas, flautistas, trompetistas y otros llevaron temas puertorriqueños y cubanos, así como la dicción y el fraseo de las melodías afrocubanas al jazz latino.

previous spread: Latin jazz has grown in such popularity that crowds now fill stadiums to hear its sounds, such as here at the University of California, Berkeley.

página anterior: La popularidad del jazz latino ha crecido a tal grado que ahora las multitudes llenan los estadios para escuchar su sonido, como aquí en la Universidad de California, Berkeley.

left: Eddie Palmieri.

izquierda: Eddie Palmieri.

MUSICAL INNOVATION

Among the new wave of musical innovators was Charlie Palmieri, considered to be one of the greatest Latin jazz pianists. Influenced by the style of Noro Morales, Charlie spent long periods of time in Chicago and Puerto Rico in addition to his native New York. He excelled at both Latin jazz and dance music. During the 1960s and 1970s he seemed to do everything: he organized a very successful *charanga*-style group in New York; brought together a number of musicians under the name of the Alegre All-Stars to record jam sessions; recorded brilliant piano passages as a side man on the album *Descargas '77* with Cuban bass master Israel "Cachao" López; collaborated with West Coast Latin jazz leader Cal Tjader on the album *Primo,* on which musicians played traditional Afro-Cuban jazz themes with electric keyboards and bass; and lectured on Latin jazz and Afro-Cuban musical history.

Eddie Palmieri, like his brother Charlie, became a popular and well-known Latin jazz and salsa pianist in New York City. He joined Charlie in the famous 1966 *descarga* sessions at the Village Gate club in Greenwich Village, which resulted in three albums showcasing exceptional musical talent and improvisational imagination. The recordings featured some of the best musicians of the era, including Ray Barretto, Cándido, Chino Pozo, Tito Puente, Cachao, Bobby Rodriguez, and Alfredo "Chocolate" Armenteros. The *Descargas at the Village Gate* recordings included the evening's most memorable jams, including "Guajira controversial," "Descarga en cueros," and "Descarga de contrabajos."

Eddie Palmieri worked closely with trumpeter Alfredo "Chocolate" Armenteros, a master of the traditional *son* who became established playing for Arsenio Rodríguez and Beny Moré in Cuba and, beginning in 1957, for Machito's orchestra in New York City. Chocolate performed, toured, and recorded with

INNOVACIÓN MUSICAL

Entre la nueva ola de innovadores musicales se encontraba Charlie Palmieri, considerado como uno de los más grandes pianistas del jazz latino. Influenciado por el estilo de Noro Morales, Charlie pasó largos períodos de tiempo en Chicago y en Puerto Rico además de su Nueva York natal. Sobresalía tanto en el jazz latino como en la música de baile. Durante los años sesenta y setenta parecía hacerlo todo: organizó un grupo de charanga muy exitoso en Nueva York; reunió a varios músicos bajo el nombre de Alegre All-Stars para grabar sesiones de improvisación; grabó brillantes pasajes de piano como acompañante en el álbum *Descargas '77* con el maestro cubano del contrabajo Israel "Cachao" López; colaboró con el líder de jazz latino de la costa oeste Cal Tjader en el álbum *Primo,* donde los músicos tocaban temas de jazz afrocubano tradicional con teclados eléctricos y contrabajo; e impartía conferencias sobre la historia musical afrocubana y del jazz latino.

Eddie Palmieri, al igual que su hermano Charlie, se volvió pianista de salsa y jazz latino muy conocido y popular en la ciudad de Nueva York. Acompañó a Charlie en las famosas sesiones de descarga de 1966 en el club Village Gate en Greenwich Village, que resultaron en tres álbumes que mostraban un talento musical y una imaginación improvisadora excepcionales. En las grabaciones figuraban algunos de los mejores músicos de la época, entre ellos Ray Barretto, Cándido, Chino Pozo, Tito Puente, Cachao, Bobby Rodriguez y Alfredo "Chocolate" Armenteros. Las grabaciones *Descargas at the Village Gate* incluían las improvisaciones más memorables de la noche, incluso "Guajira controversial", "Descarga en cueros" y "Descarga de contrabajos".

Eddie Palmieri trabajó en estrecha colaboración con el trompetista Alfredo "Chocolate" Armenteros, maestro del son tradicional que se estableció al tocar con Arsenio Rodríguez y Beny Moré en Cuba y, comenzando en 1957, con la orquesta de Machito en la ciudad de Nueva York. Chocolate se presentó, viajó y grabó con Palmieri, y en 1970 lanzaron el éxito "Chocolate Ice Cream". Durante esos mismos años, Palmieri también tocó y grabó

left: Alfredo "Chocolate" Armenteros.

izquierda: Alfredo "Chocolate" Armenteros.

below: Poster announcing the appearance of Tito Puente and Eddie Palmieri at the Concourse Plaza Hotel, New York, 1970.

abajo: Cartel anunciando la presentacion de Tito Puente y Eddie Palmieri en el Concourse Plaza Hotel, Nueva York, 1970.

below: Tico All Stars, *Descargas at the Village Gate—Live.* Tico Records, 1966.

abajo: Tico All-Stars, *Descargas at the Village Gate—Live.* Tico Records, 1966.

left: Antonio Carlos Jobim, 1963.

izquierda: Antonio Carlos Jobim, 1963.

below: Gato Barbieri.

abajo: Gato Barbieri.

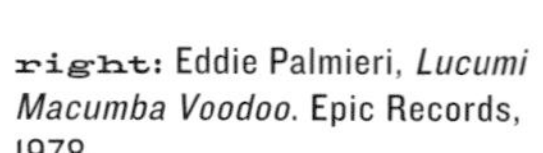

right: Eddie Palmieri, *Lucumi Macumba Voodoo.* Epic Records, 1978.

derecha: Eddie Palmieri, *Lucumi Macumba Voodoo.* Epic Records, 1978.

right: Charlie Palmieri.
derecha: Charlie Palmieri.

Palmieri, and in 1970 they released the hit "Chocolate Ice Cream." During those same years, Palmieri also performed and recorded with drummer Francisco Aguabella. Known for his exciting *montunos* on piano, Eddie Palmieri mixed, over the years, both traditional Cuban themes and the most modern jazz piano styles into his playing.

In the early 1960s, a new music arrived in the United States from Brazil—the bossa nova. Derived from traditional Brazilian forms, such as the *samba* and the *samba-canção,* and mixed with classical music and jazz, bossa nova influenced a wide range of American jazz musicians. Stan Getz, Charlie Byrd, Herbie Hancock, and many others recorded hits composed by the noted Brazilian musician Antonio Carlos Jobim. "The Girl from Ipanema," "One Note Samba," "Corcovado," "Agua de beber," "Desafinado," and others of Jobim's compositions quickly joined the standard jazz repertoire. Cal Tjader and other established Latin jazz musicians also added bossa nova tunes to their performances. While sometimes included under the rubric of Latin jazz, this fusion of Brazilian music with jazz has deservedly carved out its own musical identity—Brazilian jazz.

Argentine saxophonist Leandro "Gato" Barbieri experimented with mixing jazz with Brazilian sounds, as well as with a wide variety of other Latin American music, including Bolivian, Cuban, and Argentine genres. Barbieri recorded and played with many outstanding figures in the world of Latin jazz, such as arranger Chico O'Farrill and Peruvian percussionist Alex Acuña. A resident of France and Italy for several years, Barbieri became best known in the United States for writing the musical score for the movie *Last Tango in Paris.*

con el percusionista Francisco Aguabella. Conocido por sus excitantes montunos en el piano, Eddie Palmieri mezcló en su ejecución, a través de los años, tanto temas tradicionales cubanos como los estilos más modernos del jazz para piano.

A principios de los años sesenta, un nuevo estilo musical llegó a los Estados Unidos desde Brasil: el bossa nova. Derivado de formas tradicionales brasileñas, como la *samba* y la *samba-canção,* y mezclada con la música clásica y el jazz, el bossa nova influenció a una amplia gama de músicos de jazz estadounidenses. Stan Getz, Charlie Byrd, Herbie Hancock y muchos otros grabaron éxitos compuestos por el célebre músico brasileño Antonio Carlos Jobim. "La chica de Ipanema", "Samba de una sola nota", "Corcovado", "Agua de beber", "Desafinado" y otras composiciones de Jobim muy pronto se incorporaron al repertorio clásico del jazz. Cal Tjader y otros músicos de jazz latino establecidos también agregaron melodías de bossa nova a sus presentaciones. Aunque a veces se le incluye bajo el rubro del jazz latino, esta fusión de música brasileña con el jazz ha forjado merecidamente su propia identidad musical: el jazz brasileño.

El saxofonista argentino Leandro "Gato" Barbieri experimentó al mezclar el jazz con los sonidos brasileños, así como una amplia variedad de otros tipos de música latinoamericana, entre ellos, géneros bolivianos, cubanos y argentinos. Barbieri grabó y tocó con muchas figuras destacadas del mundo del jazz latino, tales como el arreglista Chico O'Farrill y el percusionista peruano Alex Acuña. Residente en Francia e Italia durante varios años, Barbieri adquirió fama en los Estados Unidos por haber escrito la partitura musical para la película *El último tango en París.*

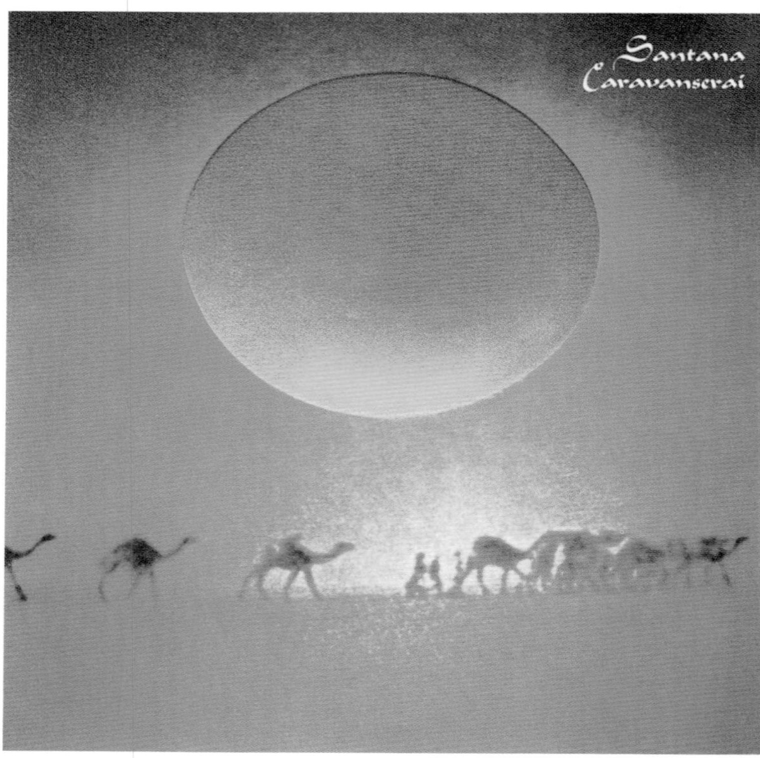

left: Santana, *Caravanserai.* Columbia Records, 1972.

izquierda: Santana, *Caravanserai.* Columbia Records, 1972.

Other musicians moved within the genres of jazz, Latin music, and rock and roll. During his career, Chicano trumpeter Luis Gasca played Latin jazz with Cal Tjader and Mongo Santamaría, straight-ahead jazz with noted bandleader and vibraphonist Lionel Hampton, Cuban music for Pérez Prado's mambo orchestra, and rock and roll for Van Morrison and Janice Joplin. He was also one of the founders of the Latin rock group MALO and is credited with introducing Carlos Santana to jazz, making Gasca an important figure in Chicano musical history.

More often identified with Latin rock than Latin jazz, guitarist Carlos Santana mixed Afro-Cuban music with a blues-rock style that allowed him to cross effortlessly from rock into jazz. Even when Santana is at his most experimental—for example, when he is exploring East Indian sounds—the influence of Afro-Cuban music comes through. One of his most popular tunes, "Oye Como Va," a cover of Tito Puente's tune by the same name, was itself inspired by Cachao's 1939 *danzón* composition "Chanchullo." It is an excellent example of the blurring of boundaries between Latin rock, Latin jazz, and traditional Afro-Cuban music.

Otros músicos incursionaban dentro de los géneros del jazz, la música latina y el rock and roll. Durante su carrera, el trompetista chicano Luis Gasca tocó jazz latino con Cal Tjader y Mongo Santamaría, jazz puro con el afamado líder de banda y vibrafonista Lionel Hampton, música cubana con la orquesta de mambo de Pérez Prado, y rock and roll con Van Morrison y Janice Joplin. También fue uno de los fundadores del grupo de rock latino MALO y se le atribuye el haber iniciado a Carlos Santana en el jazz, lo que hace que Gasca sea una figura importante en la historia musical chicana.

No obstante que se le identifica más a menudo con el rock latino que con el jazz latino, el guitarrista Carlos Santana mezclaba la música afrocubana con un estilo de rock combinado con blues que le permitió cruzar sin esfuerzo del rock al jazz. Aun cuando Santana se encuentra en su fase más experimental—por ejemplo, cuando está explorando los sonidos de las Indias Orientales—la influencia de la música afrocubana sale a flote. Una de sus melodías más populares, "Oye Cómo Va", una versión de la melodía de Tito Puente del mismo nombre, fue inspirada a su vez por una composición de danzón de Cachao de 1939 llamada "Chanchullo". Este es un ejemplo excelente de los límites indefinidos entre el rock latino, el jazz latino y la música tradicional afrocubana.

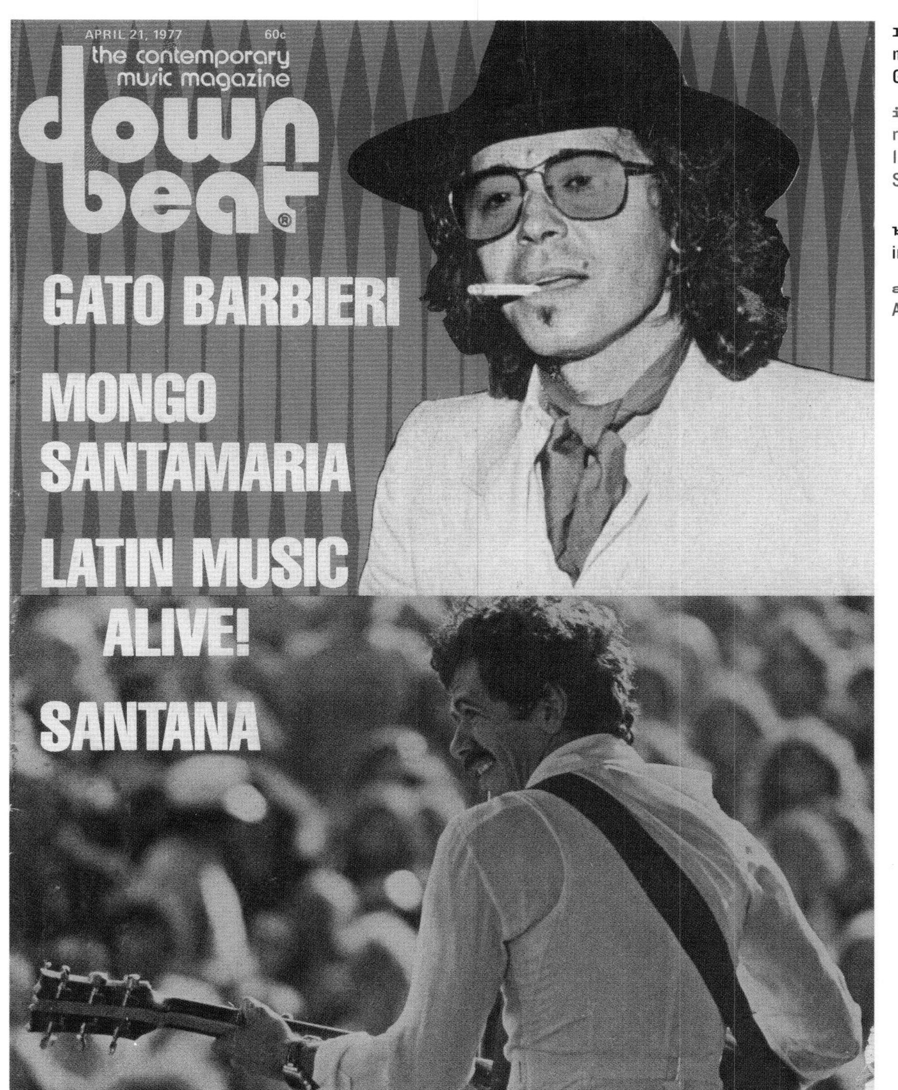

left: Cover of *Downbeat* magazine, April 21, 1977, featuring Gato Barbieri and Carlos Santana.

izquierda: Portada de la revista *Downbeat,* 21 de abril de 1977, con Gato Barbieri y Carlos Santana.

below: Carlos Santana performing with Armando Peraza.

abajo: Santana tocando con Armando Peraza.

left: Luis Gasca with Mongo Santamaría.

izquierda: Luis Gasca con Mongo Santamaría.

left: Irakere.

izquierda: Irakere.

HAVANA, THE 1960S AND 1970S

In Havana, the growth of jazz and Latin jazz suffered under the social upheavals of the 1960s. The Cuban Revolution of 1959 effectively put an end to the city's tourist-driven music and entertainment industries. Political antagonism between the United States and Cuba led to the government's temporary discouragement of jazz and other American cultural forms on the island. By the early 1970s, however, the cultural policies of the Cuban government began to shift, allowing for more diversity and creativity.

While playing in Santiago de Cuba in 1973, several members of the government-sponsored Orquesta Cubana de Música Moderna—an all-purpose modern music orchestra—recorded a couple of hard-driving, instrumental tunes that blended Cuban dance rhythms with elements of contemporary rock and funk from the United States. The songs became hits throughout the island, which led to the official formation of a new group directed by pianist Chucho Valdés. The band was named Irakere, which in the Cuban Lucumí dialect of Yoruba means "thick, dense jungle."

> ***"Irakere was a synthesis of all the influences that had come to bear on Cuban music. One cannot talk about Cuba's artistic history without mentioning Irakere. It was a statement by a Caribbean country that took its place in the international music scene. Irakere was a great source of inspiration for the younger generation."*** *Carlos del Puerto*

Irakere's mixture of jazz, Western European classical music, rock, funk, and Cuban rhythmic traditions created a fresh new sound. It reached deep into lesser-known Afro-Cuban religious music and instruments and blended them with the electronic sounds of contemporary popular music.

LA HABANA, LOS AÑOS SESENTA Y SETENTA

En La Habana, el crecimiento del jazz y del jazz latino sufrió durante la época de agitación social de los sesenta. La Revolución cubana de 1959 efectivamente puso fin a las industrias de la música y el espectáculo que se alimentaban del turismo. El antagonismo político entre los Estados Unidos y Cuba llevó a que el gobierno se opusiera temporalmente al jazz y a otras formas culturales estadounidenses en la isla. A principios de los años setenta, no obstante, la política cultural del gobierno cubano empezó a cambiar, permitiendo que hubiera más diversidad y creatividad.

Mientras tocaban en Santiago de Cuba en 1973, varios miembros de la Orquesta Cubana de Música Moderna—una orquesta de música moderna multiusos auspiciada por el gobierno—grabaron varias melodías instrumentales de mucho empuje, que mezclaban ritmos de baile cubanos con elementos de rock y funk contemporáneos de los Estados Unidos. Las canciones fueron un éxito en la isla, lo que llevó a la formación oficial del nuevo grupo dirigido por el pianista Chucho Valdés. El grupo recibió el nombre de Irakere, que en el dialecto lucumí de los yoruba significa "selva tupida, espesa".

> ***"Irakere fue la síntesis de todas las influencias que se habían conjugado en la música cubana. No se puede hablar de la historia artística cubana sin mencionar a Irakere. Fue la declaración de un país caribeño que tomó su lugar en el ámbito musical internacional. Irakere fue una gran fuente de inspiración para la generación joven".***
> *Carlos del Puerto*

Irakere creó un sonido nuevo y original de la amalgama del jazz, la música clásica europea occidental, el rock, el funk y las tradiciones rítmicas cubanas. Se adentró en regiones menos conocidas de la música e instrumentos religiosos afrocubanos y los mezcló con los sonidos electrónicos de la música popular contemporánea.

above: Irakere, *Irakere.* Columbia Records, 1979.

arriba: Irakere, *Irakere.* Columbia Records, 1979.

below: During an historic visit to Havana by U.S. musicians in 1977, several American jazz musicians, including Stan Getz and Dizzy Gillespie (center), shared the stage with members of the Irakere band and the Cuban percussion ensemble Los Papines.

abajo: Durante una visita histórica de músicos estadounidenses a La Habana en 1977, varios músicos de jazz estadounidenses compartieron el escenario con los integrantes del grupo Irakere y el ensamble de percusión Los Papines.

left: Paquito D'Rivera.

izquierda: Paquito D'Rivera.

Chucho Valdés and Irakere exploded onto the international scene in 1976. They appeared at various international festivals and won a 1978 Grammy Award for Latin Music. For many students of Cuban music, Irakere represented a new stage in the music of the island, and it became the school through which some of the most outstanding young Cuban instrumentalists passed. The group influenced every subsequent Cuban music ensemble in both the Latin jazz and dance modes. For Latin jazz musicians in the United States, Irakere became a model for the exploration of new fusions.

"I grew up with all kinds of music surrounding me: classical music over here, the Cuban* danzón *and* son *over there; religious* Santería *music on one side, jazz on another side."
Chucho Valdés

One of the most versatile musical artists in Cuba's history, Chucho Valdés got an early start as a musician. Son of famed bandleader, composer, and pianist Bebo Valdés, Chucho made his debut playing piano for his father's Sabor de Cuba orchestra in the late 1950s. In the early 1960s, Chucho joined Cuba's National Theatre Orchestra, led then by noted classical guitarist and composer Leo Brouwer. He became known in the jazz world for his 1970 performance leading a quintet at the Warsaw Jazz Jamboree in Poland. At this time he was already a member of the Orquesta Cubana de Música Moderna. Three years later Chucho founded Irakere, which he led for nearly three decades. Irakere was widely admired for the strength of its soloists, its ensemble work, and the freshness and complexity of its musical productions. Chucho Valdés also has a number of solo CDs to his credit and is the composer of such Latin jazz standards as "Mambo influenciado" and the ballad "Claudia."

The Irakere band has undergone several transformations in its long history. Paquito D'Rivera and Arturo Sandoval, two of

Chucho Valdés e Irakere causaron sensación en el ámbito internacional en 1976. Aparecieron en varios festivales internacionales y en 1978 ganaron un Premio Grammy para la Música Latina. Para muchos estudiosos de la música cubana, Irakere representó una nueva etapa en la música de la isla y se convirtió en la escuela por la que pasaron algunos de los más destacados instrumentistas jóvenes cubanos. El grupo influenció a cada grupo musical cubano posterior, tanto en las modalidades de jazz latino como de baile. Para los músicos de jazz latino en los Estados Unidos, Irakere se volvió un modelo para la exploración de nuevas fusiones.

"Crecí rodeado de todo tipo de música: música clásica por aquí, el danzón cubano por allá; la música de la santería por un lado, el jazz por el otro". *Chucho Valdés*

Uno de los artistas musicales más versátiles de la historia de Cuba, Chucho Valdés se inició como músico desde muy temprano. Hijo del afamado director de banda, compositor y pianista Bebo Valdés, Chucho hizo sus pininos tocando el piano para la orquesta de su padre, Sabor de Cuba, a fines de los años cincuenta. A principios de los años sesenta, Chucho se integró a la Orquesta Teatro Nacional de Cuba, dirigida entonces por el célebre guitarrista clásico y compositor Leo Brouwer. Chucho se dio a conocer en el mundo del jazz con su presentación en 1970 como director de un quinteto durante el Warsaw Jazz Jamboree en Polonia. En esa época ya era miembro de la Orquesta Cubana de Música Moderna. Tres años más tarde Chucho fundó Irakere, al cual dirigió por casi tres décadas. Irakere ganó la admiración de muchos por la virtud de sus solistas, su trabajo conjunto, así como la innovación y complejidad de sus producciones musicales. Chucho Valdés también tiene varios CDs a su nombre y es compositor de tales clásicos del jazz latino como "Mambo influenciado" y la balada "Claudia".

El grupo Irakere ha sufrido varias transformaciones durante su larga historia. Paquito D'Rivera y Arturo Sandoval, dos de los solistas más célebres de los integrantes del grupo durante los años setenta, se han convertido en figuras destacadas del mundo

CHUCHO VALDÉS

"We carry with us our African roots, sometimes without realizing it, because it is so natural. It is part of our heritage, like the language we speak, which we speak without thinking. So we play the music just like we engage in conversation—sometimes I may play something on the piano and later realize that I was using elements from the voices of the *batá* drums, but not consciously . . . spontaneously.

"Cuban music is highly rhythmic. We come from African forebears whose music was highly rhythmic and from very rhythmic Spanish music, so it makes sense to me that as a mixed, new native culture, we ended up being perhaps even more rhythmic than our predecessors. If one grows up in that ambiance, one can create and re-create that tradition because it is part of our being . . . it is our identity.

"I like listening to music, good music that is. Within good music I would include classical music, jazz, good rock, good funk, Latin American, Caribbean, and Cuban music. To me jazz has an advantage over popular dance music in that it does not depend on what's in fashion; it is ageless. Bebop from the 1940s does not get old, it will never be an old music. It's like Chopin; I dare anyone to tell me that Chopin is 'old.'"

CHUCHO VALDÉS

"Llevamos adentro nuestras raíces africanas, a veces sin darnos cuenta, porque es tan natural. Es parte de nuestro patrimonio, como el idioma que hablamos, el cual usamos sin pensarlo. Así que tocamos la música como conversamos; a veces puede que toque algo en el piano y luego me doy cuenta de que estaba usando elementos de las voces de los tambores batá, pero no conscientemente . . . sino de manera espontánea.

"La música cubana es sumamente rítmica. Venimos de antepasados africanos cuya música era muy rítmica y de la música española que es muy rítmica, así que me parece lógico que como una cultura autóctona nueva y mestiza, acabemos siendo tal vez aún más rítmicos que nuestros antecesores. Si uno crece en ese ambiente, puede crear y recrear esa tradición porque es parte de nuestro ser . . . es nuestra identidad".

"Me gusta escuchar música, la buena música es decir. Dentro de la buena música incluiría la música clásica, el jazz, el buen rock, el buen funk, la música latinoamericana, caribeña y cubana. Para mí el jazz tiene una ventaja sobre la música de baile popular en que no depende de la moda: es eterna. El bebop de los años cuarenta no envejece, nunca será un género antiguo. Es como Chopin; a que nadie puede decirme que Chopin es 'anticuado'".

below: Chucho Valdés.

abajo: Chucho Valdés.

left: Chucho Valdés (piano), Papito Hernández (bass), Carlos Emilio Morales (electric guitar), and Leonardo Acosta (saxophone) were members of the small but strong community of jazz musicians active in Havana in the late 1970s.

izquierda: Chucho Valdés (piano), Papito Hernández (contrabajo), Carlos Emilio Morales (guitarra eléctrica) y Leonardo Acosta (saxofón) fueron miembros de una pequeña pero poderosa comunidad activa de músicos de jazz de La Habana a fines de los años setenta.

above: Arturo Sandoval during a radio interview with Alfredo Cruz in August 1990.

arriba: Arturo Sandoval durante una entrevista por radio con Alfredo Cruz en augusto 1990.

right: Dizzy Gillespie and Arturo Sandoval, *"To a Finland Station": Dizzy Gillespie and Arturo Sandoval in Helsinki.* Pablo Records, 1983.

derecha: Dizzy Gillespie y Arturo Sandoval, *"To a Finland Station": Dizzy Gillespie and Arturo Sandoval in Helsinki.* Pablo Records, 1983.

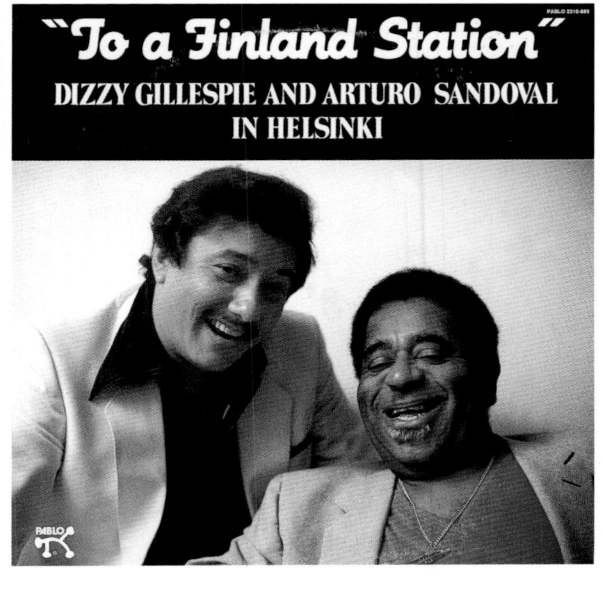

the most notable soloists from the band's 1970s personnel, have become outstanding individual figures in the world of Latin jazz. D'Rivera, a superb saxophone and clarinet player, has been a champion of jazz, particularly bebop, as well as Afro-Cuban and South American music. Since leaving Cuba in 1980, he has influenced Latin music worldwide as an outstanding soloist, bandleader, and producer. After arriving in the United States, he simultaneously led his own group and played in Dizzy Gillespie's United Nation Orchestra. When Gillespie passed away, D'Rivera succeeded him as musical director.

"Jazz, that wonderful thing called jazz; that is American music—the music that represents the multi-cultural characteristics of this country." *Paquito D'Rivera*

After leaving Irakere, Arturo Sandoval formed his own group in the early 1980s before he eventually left Cuba and settled in the United States in the 1990s. An all-around musician who, besides being an outstanding trumpeter, also excels as a pianist, percussionist, and scat singer, Sandoval has recorded jazz, Latin jazz, classical music, and popular Cuban dance music. Known for his command of the trumpet and his facility in the upper registers, Sandoval garnered two of the first seven Grammys awarded in the Latin jazz category.

"The Village Gate was filled with gusts of joy . . . Sandoval—one of Cuba's biggest stars—was guest soloist in the weekly 'Salsa Meets Jazz' series, adding his blazing skyrockets to the orchestras of Mario Bauzá . . . and Tito Puente." *Lee Jeske*

del jazz latino. D'Rivera, un magnífico saxofonista y clarinetista, ha sido un defensor del jazz, en particular del bebop, al igual que de la música afrocubana y sudamericana. Desde que salió de Cuba en 1980, ha influenciado la música latina en el mundo entero como un espléndido solista, director de banda y productor. Después de su llegada a los Estados Unidos, dirigió su propio grupo a la vez que tocaba en el grupo de Dizzy Gillespie, United Nation Orchestra. Cuando Gillespie falleció, D'Rivera lo sucedió como director musical.

"Jazz, esa cosa maravillosa llamada jazz; esa sí es la música estadounidense, la música que representa las características multiculturales de este país". *Paquito D'Rivera*

Después de salir de Irakere, Arturo Sandoval formó su propio grupo a principios de los años ochenta antes de que finalmente saliera de Cuba y se estableciera en los Estados Unidos en los años noventa. Un músico muy completo quien, además de ser un trompetista sobresaliente, también se distingue como pianista, percusionista y cantante al estilo *scat,* Sandoval ha grabado jazz, jazz latino, música clásica y música de baile cubana popular. Conocido por su dominio de la trompeta y su facilidad para abordar los registros altos, Sandoval cosechó dos de los primeros siete Grammys otorgados en la categoría de jazz latino.

"El Village Gate estaba lleno de ráfagas de alegría . . . Sandoval—una de las más grandes estrellas cubanas—fue solista invitado en la serie semanal 'Encuentro de la Salsa con el Jazz', agregando sus fuegos resplandecientes a las orquestas de Mario Bauzá . . . y Tito Puente". *Lee Jeske*

NEW DIRECTIONS

In the mid-1970s a new style of dance music developed in New York City under the name of "salsa." In the words of one of its leaders, Willie Colón, it was a new "concept," a synthesis of many forms of Caribbean dance music. For many Latinos, salsa represented a source of ethnic identity and pride at a time when many people in the United States were searching for their cultural roots.

Latinos and non-Latinos danced to salsa in every major urban center in the United States and all over the world: in Paris and Rome, Stockholm and Madrid, Bogotá and Tokyo. The salsa explosion increased the popularity of all forms of Latin music, including Latin jazz. Salsa assigned a greater role for instrumental soloing than had earlier forms of dance music, and salsa musicians, influenced as they were by jazz in their phrasing and articulation, made this genre sometimes indistinguishable from Latin jazz. Naturally, this created additional employment opportunities for musicians who played Latin jazz in small clubs and salsa for dance audiences.

"When you get into categories it's tough. . . . Is it salsa or Latin jazz? Some of the new music from Cuba has a lot of improvisation, what is it, is it Latin jazz? Is it Afro-Cuban? To me, when you have these discussions about categories, it means that the music is growing and developing in a lot of new directions." *José Rizo*

On the West Coast, a young conga drummer began to make waves during the 1980s. Texas-born, Los Angeles–raised Poncho Sánchez started his musical career as a vocalist in an R & B youth band. While in high school he discovered the conga drums, which he quickly learned to play in a style influenced by Mongo Santamaría. In 1975, Sánchez joined the Cal Tjader Quintet, playing and recording with Tjader for the next seven years. While working with Tjader, Sánchez organized and played with a group of his own. After Tjader's death in 1982, Sánchez formed a new

NUEVAS DIRECCIONES

A mediados de los años setenta se desarrolló un nuevo estilo de música de baile en la ciudad de Nueva York bajo el nombre de "salsa". En palabras de uno de sus líderes, Willie Colón, se trataba de un "concepto" nuevo, una síntesis de muchas formas de música de baile caribeña. Para muchos latinos, la salsa representaba una fuente de identidad y orgullo étnicos en un momento en el que muchos en los Estados Unidos buscaban sus raíces culturales.

Los latinos y aquellos que no lo eran bailaban la salsa en todos los centros urbanos principales de los Estados Unidos y del mundo: en París y Roma, Estocolmo y Madrid, Bogotá y Tokio. La explosión de la salsa aumentó la popularidad de todas las formas de música latina, incluso el jazz latino. La salsa asignó un papel fundamental a los solos instrumentales en comparación a las formas de música de baile anteriores, y los músicos de salsa, influenciados como estaban por el jazz en su fraseo y articulación, hicieron que a veces fuera imposible distinguir este género del jazz latino. Naturalmente, esto creó oportunidades adicionales de empleo para los músicos que tocaban jazz latino en los clubes pequeños y salsa para los públicos de baile.

"Cuando uno se mete con las categorías está duro . . . ¿Se trata de salsa o de jazz latino? Alguna de la música nueva de Cuba tiene mucha improvisación, ¿qué es? ¿es jazz latino? ¿es afrocubano? Para mí, cuando uno discute sobre categorías es señal de que la música está creciendo y desarrollándose en muchas direcciones nuevas". *José Rizo*

En la costa oeste, un joven tumbador empezó a causar sensación durante los años ochenta. Nacido en Texas y criado en Los Ángeles, Poncho Sánchez comenzó su carrera musical como vocalista en un conjunto juvenil de *rhythm and blues.* Cuando estaba en la escuela secundaria descubrió las congas, las cuales aprendió a tocar rápidamente en un estilo influenciado por Mongo Santamaría. En 1975, Sánchez se unió al quinteto de Cal Tjader, tocando y grabando con Tjader por los próximos siete años. Mientras trabajaba con Tjader, Sánchez organizó y tocó con su propio grupo. Cuando Tjader murió en 1982, Sánchez formó un octeto nuevo que heredó y siguió, hasta cierto punto, la tradición

left: Poncho Sánchez.

izquierda: Poncho Sánchez.

left: Andy González.

izquierda: Andy González.

octet that inherited and followed, to some extent, the musical tradition established by the Cal Tjader Quintet and Mongo Santamaría's band of the 1960s and 1970s. Clare Fischer, another veteran of the Tjader group, played the keyboards in the first two recordings Sánchez made as a leader. By the 1990s, the name Poncho Sánchez had become synonymous with Latin jazz in Los Angeles, and Sánchez had become one of the busiest Latin jazz performers in the world. He has recorded many successful albums and CDs, and in 2000 he won a Latin Jazz Grammy for his CD *Latin Soul.*

> ***"My sisters used to have all the Machito records, Tito Puente and Tito Rodríguez. . . . We lived here in California so we had the Hollywood Palladium with Latin dances like they had at the Palladium in New York City . . . the mambo, cha-cha-cha, the pachanga and that stuff. . . . To me it was the music we played at home every day."*** *Poncho Sánchez*

Also in the 1980s, the New York–based Fort Apache Band, led by brothers Jerry and Andy González, signified a return to earlier bebop forms with wonderful Latin jazz versions of the music of Thelonious Monk. Fort Apache, which took its name from the neighborhood in the Bronx where the González brothers grew up, was perhaps the most successful band of the 1980s in terms of blending Afro-Cuban percussion with jazz. Of all their recordings, the most representative was *Rumba para Monk,* in which they used

musical establecida por el Cal Tjader Quintet y el grupo de Mongo Santamaría de los años sesenta y setenta. Clare Fischer, otro veterano del grupo de Tjader, tocó los teclados en las primeras dos grabaciones que Sánchez realizó como líder. Para los años noventa el nombre de Poncho Sánchez se había vuelto sinónimo con el jazz latino en Los Ángeles, y Sánchez se había convertido en uno de los músicos de jazz latino más ocupados del mundo. Ha grabado muchos álbumes y CDs de gran éxito y en el año 2000 ganó un Grammy de jazz latino por su CD *Latin Soul.*

> ***"Mis hermanas tenían todos los discos de Machito, Tito Puente y Tito Rodríguez. . . . Vivíamos aquí en California así que teníamos el Hollywood Palladium con bailes latinos como lo que había en el Palladium de la ciudad de Nueva York . . . el mambo, el cha-cha-chá, la pachanga y todo eso . . . Para mí era la música que tocábamos en casa todos los días".*** *Poncho Sánchez*

También en los años ochenta, el grupo Fort Apache Band con sede en Nueva York, dirigido por los hermanos Jerry y Andy González, significó un regreso a las formas del bebop anteriores con maravillosas versiones de jazz latino de la música de Thelonious Monk. Fort Apache, que derivaba su nombre del barrio del Bronx donde los hermanos González pasaron su infancia, fue quizá el grupo de mayor éxito de los años ochenta en cuanto a la combinación de la percusión afrocubana con el jazz. De todas sus grabaciones, la más representativa fue *Rumba para Monk,* en la que usaron varias de las composiciones del finado pianista en poderosos arreglos con ritmos folclóricos afrocubanos. Jerry González es un tumbador y trompetista consumado que ha grabado jazz latino, jazz y salsa con muchos grupos. Su hermano menor, Andy, es uno de los contrabajistas más cotizados de grabaciones de jazz latino y salsa. Comenzando en los años setenta, Andy González

left: Andy and Jerry González and the Fort Apache Band, 1996.

izquierda: Andy y Jerry González y la Fort Apache Band, 1996.

several of the late pianist's compositions in powerful arrangements with Afro-Cuban folkloric rhythms. Jerry González is a consummate conga drummer and trumpet player who has recorded Latin jazz, jazz, and salsa with many bands. His younger brother Andy is one of the most sought-after bassists for Latin jazz and salsa recordings. Beginning in the 1970s, Andy González was a pillar of the New York–based Conjunto Libre. This group performed the highest quality Cuban-style and salsa dance music in New York City since the late 1970s, and it continued to do so when it became Manny Oquendo's Libre in the 1990s.

Since the 1980s, the multicultural character of the musicians involved in Latin jazz has converted the genre into a common language for musicians from all over the Americas. These highly qualified musicians are adept at playing in various stylistic and rhythmic shades, which might include not only Afro-Cuban styles based on the clave but also the Panamanian *tamborito,* Dominican merengue, Colombian *vallenato,* Puerto Rican *bomba,* Peruvian *marinera,* Brazilian bossa nova, and Argentine tango, all mixed beautifully into the jazz tradition.

fue un pilar del Conjunto Libre, con sede en Nueva York. Este grupo ejecutó la más alta calidad de música de baile estilo cubano y de salsa en la ciudad de Nueva York desde fines de los años setenta, y siguió haciéndolo cuando se convirtió en la agrupación Libre de Manny Oquendo a fines de los años noventa.

Desde los años ochenta, el carácter multicultural de los músicos participantes en el jazz latino ha hecho del género un lenguaje común para los músicos de todo el continente americano. Estos músicos tan preparados son expertos en tocar varios matices estilísticos y rítmicos, los cuales pueden incluir no sólo estilos afrocubanos basados en la clave sino también el tamborito panameño, el merengue dominicano, el vallenato colombiano, la bomba puertorriqueña, la marinera peruana, el bossa nova brasileño y el tango argentino, todos ellos bellamente mezclados dentro de la tradición del jazz.

En la ciudad de Nueva York, el poliinstrumentista dominicano Mario Rivera—veterano de muchas orquestas, entre ellas las de Eddie Palmieri, Machito, La Fort Apache Band y Tito Puente—exploró con éxito la combinación del merengue y el jazz en su propia obra. En Los Ángeles la fusión del jazz con la cumbia y el vallenato colombianos, el merengue dominicano, la marinera peruana

In New York City, Dominican multi-instrumentalist Mario Rivera—a veteran of many orchestras, including those of Eddie Palmieri, Machito, the Fort Apache Band, and Tito Puente—successfully explored the blending of merengue and jazz in his own work. In Los Angeles, fusions of jazz with Colombian *cumbia* and *vallenato,* Dominican merengue, Peruvian *marinera,* and Brazilian bossa nova became characteristic of the musical world of saxophonist Justo Almario and percussionist Alex Acuña.

Born in Sincelejo, Colombia, the son of a conga drummer, Justo Almario studied saxophone at the Berklee College of Music in Boston before joining Mongo Santamaría in the early 1970s. Later he collaborated with Charles Mingus on experiments with jazz and Colombian *cumbia* fusions. Beginning in the 1980s, Almario, a resident of Los Angeles, became a fixture in local clubs with the all-star, big Latin jazz band Tolú, which is made up of the best Latin jazz musicians in Southern California.

Alex Acuña, who was born in Peru, played with Pérez Prado before coming to prominence in the jazz world as the

above: Alex Acuña.

arriba: Alex Acuña.

left: Jerry González.

izquierda: Jerry González.

right: Justo Almario.

dereche: Justo Almario.

below: Claudio Roditi.

abajo: Claudio Roditi.

y el bossa nova brasileño se volvió característica del mundo musical del saxofonista Justo Almario y el percusionista Alex Acuña.

Nacido en Sincelejo, Colombia, hijo de un tumbador, Justo Almario estudió saxofón en Berklee College of Music en Boston antes de unirse a Mongo Santamaría a principios de los años setenta. Más tarde colaboró con Charles Mingus en experimentos de fusión del jazz y la cumbia colombiana. Comenzando en los años ochenta, Almario, residente de Los Ángeles, se volvió parte esencial de los clubes locales con la estelar orquesta grande de jazz latino *(big band)* Tolú, integrada por los mejores músicos de jazz latino del sur de California.

Alex Acuña, nacido en Perú, tocó con Pérez Prado antes de obtener renombre en el mundo del jazz como baterista para el

drummer for Weather Report. A formidable percussionist at ease on congas, timbales, or set drums, Acuña is one of a handful of percussionists who is equally adept at playing Latin jazz or straight-ahead jazz. He works closely with Justo Almario in both recordings and live performances and is the codirector, with Almario, of the band Tolú.

Brazilian Claudio Roditi began his trumpet studies in Brazil before attending the Berklee College of Music in the 1970s. Roditi is a unique musician, perhaps the only trumpet player in the world of jazz who plays comfortably in three different settings: straight-ahead jazz, Latin jazz, and Brazilian music. He has recorded as a leader and also as a sideman with Herbie Mann, Dizzy Gillespie's United Nation Orchestra, and Paquito D'Rivera.

Weather Report. Un percusionista formidable quien se siente a sus anchas en las congas, como en los timbales o la batería, Acuña es uno de un puñado de percusionistas que es igualmente hábil ya sea tocando el jazz latino o jazz puro. Colabora de cerca con Justo Almario tanto en grabaciones como en presentaciones en vivo y es el codirector, con Almario, del grupo Tolú.

El brasileño Claudio Roditi comenzó sus estudios de trompeta en Brasil antes de asistir al Berklee College of Music en los años setenta. Roditi es un músico excepcional, quizá el único trompetista en el mundo del jazz que puede tocar cómodamente en tres entornos distintos: jazz puro, jazz latino y música brasileña. Ha grabado como líder y también como acompañante con Herbie Mann, la United Nation Orchestra de Dizzy Gillespie y con Paquito D'Rivera.

below: Thelonius Monk, *Monk's Music.* Riverside Records, 1957.

abajo: Thelonius Monk, *Monk's Music.* Riverside Records, 1957.

THELONIOUS MONK

Many Latin jazz musicians have expressed an affinity for, and recorded tunes by, pianist Thelonious Monk. Known for his percussive piano playing style, unexpected stops and starts, and his use of unusual, often dissonant, chords, Monk has always been associated with the bebop movement.

For Latin jazz musicians, Monk's rhythmic styles fit well with the highly syncopated approach of Afro-Cuban music. Music scholar Danilo Lozano finds strong similarities between Thelonious Monk and Cuban composer and *tres* player Arsenio Rodríguez in terms of their sense of spacing and chord choice. Others have compared Monk's piano style to that of a young Pérez Prado and pointed to the Monk-like approach of pianist Frank Emilio Flynn in his composition "Gandinga, Mondongo y Sandunga." Musicians who have recorded Monk's music in a Latin jazz style in recent years include Ray Barretto, Tito Puente, David Sánchez, and Jane Bunnett.

A few Latin jazz musicians have explicitly acknowledged Monk as a source of inspiration. The Fort Apache Band and Danilo Pérez titled CDs *Rumba para Monk* and *Panamonk,* respectively, and Paquito D'Rivera gave the title "Monktuno" to one of his compositions.

THELONIOUS MONK

Muchos músicos de jazz latino han expresado una afinidad por el pianista Thelonious Monk y han grabado algunas de sus melodías. Conocido por su estilo de ejecución percusivo en el piano, con pausas y arranques inesperados, y el uso de acordes fuera de lo común, a menudo disonantes, Monk siempre ha sido asociado con el movimiento bebop.

Para los músicos del jazz latino, los estilos rítmicos de Monk encajan con el enfoque sumamente sincopado de la música afro-cubana. El estudioso de la música Danilo Lozano encuentra profundas similitudes entre Thelonious Monk y el compositor y tresero cubano Arsenio Rodríguez en cuanto a su sentido del espacio y la selección de acordes. Otros han comparado el estilo al piano de Monk con el de un Pérez Prado joven y han señalado la influencia de Monk en la composición "Gandinga, Mondongo y Sandunga" del pianista Frank Emilio Flynn. Entre los músicos que han grabado la música de Monk en un estilo de jazz latino en años recientes se encuentran Ray Barretto, Tito Puente, David Sánchez y Jane Bunnett.

Algunos músicos de jazz latino han reconocido explícitamente a Monk como su fuente de inspiración. La Fort Apache Band y Danilo Pérez titularon sus CDs *Rumba para Monk* y *Panamonk,* respectivamente, y Paquito D'Rivera dio el título "Monktuno" a una de sus composiciones.

NEW GENERATIONS

In the last two decades a new crop of outstanding soloists from diverse backgrounds has joined the ranks of active Latin jazz musicians and contributed to the health and vibrancy of the music. Many of these musicians were born in the 1950s and 1960s and grew up with Latin jazz as part of their lives. Building upon that solid foundation, many of these young musicians have managed to pursue a variety of distinct individual approaches in their playing while continuing the traditions of the music. This process of individualization is exemplified in the work of three Latin jazz pianists: Michel Camilo, Danilo Pérez, and Gonzalo Rubalcaba.

Born in Santo Domingo, Dominican Republic, Michel Camilo was a child prodigy who played with the National Symphony Orchestra of the Dominican Republic at the age of sixteen. Camilo received his musical training at the Conservatorio Nacional in the Dominican Republic and later at the Juilliard School of Music and the Mannes College of Music. He is a fiery performer of Afro-Cuban piano in the tradition of Eddie Cano. A successful composer of tunes that have become standards, such as "Why Not," "Caribe," and "Just Kidding," Camilo is equally at ease playing straight-ahead jazz or Latin jazz.

Panama's Danilo Pérez began his musical career as a percussionist before switching to the piano. He studied at the National Conservatory in Panama and at the Berklee College of Music in Boston. While in Boston, Pérez played on several recordings with Paquito D'Rivera and with Mexican vibraphonist and Berklee professor Víctor Mendoza. Pérez has sought to combine the sounds of jazz with Panamanian traditional music, as one can hear on his CD *Panamonk.* On a more recent CD, *Motherland,* he utilizes folkloric traditions from Panama, other Central American nations, and Africa. Pérez, who teaches at the New England Conservatory of Music, refers to his personal approach to Latin jazz as "pan-American jazz."

A piano virtuoso, Cuba's Gonzalo Rubalcaba comes from a family with several generations of *danzón* musicians. Like Danilo Pérez, he was a percussionist before taking up piano, which he did with a vengeance. Rubalcaba played traditional Cuban dance music with the famed *charanga* Orquesta Aragón, and he also

left: Gonzalo Rubalcaba.

izquierda: Gonzalo Rubalcaba.

NUEVAS GENERACIONES

En las últimas dos décadas una nueva cosecha de solistas sobresalientes de diversa formación se ha unido a las filas de los músicos de jazz latino activos y ha contribuido al vigor y dinamismo de la música. Muchos de estos músicos nacieron en los años cincuenta y sesenta, y el jazz latino formó parte de su vida. Al tener esta sólida base sobre la cual construir, muchos de estos jóvenes músicos han logrado dedicarse a una variedad de enfoques individuales de ejecución distintos mientras que continúan con las tradiciones del jazz latino. Este proceso de individualización se ejemplifica con el trabajo de tres pianistas: Michel Camilo, Danilo Pérez y Gonzalo Rubalcaba.

Nacido en Santo Domingo, República Dominicana, Michel Camilo fue un niño prodigio que tocó con la Orquesta Sinfónica Nacional de la República Dominicana a la edad de dieciséis años. Camilo recibió su formación musical en el Conservatorio Nacional de la República Dominicana y posteriormente en Juilliard School of Music y Mannes College of Music. Es un ejecutante fogoso de piano afrocubano en la tradición de Eddie Cano. Compositor exitoso de melodías que se han vuelto clásicos, tales como "Why Not", "Caribe" y "Just Kidding", Camilo está tan a gusto tocando jazz puro como jazz latino.

Danilo Pérez de Panamá comenzó su carrera musical como percusionista antes de cambiar al piano. Estudió en el Conservatorio Nacional de Panamá y en el Berklee College of Music en Boston. Mientras estuvo en Boston, Pérez tocó en varias grabaciones con Paquito D'Rivera y con el vibrafonista y profesor mexicano de Berklee Víctor Mendoza. Pérez ha buscado combinar los sonidos del jazz con la música tradicional panameña, como se puede apreciar en su CD *Panamonk.* En un CD más reciente, *Motherland,* utiliza las tradiciones folclóricas de Panamá, otros países centroamericanos y África. Pérez, quien da clases en el New England Conservatory of Music, se refiere a su propio enfoque de jazz latino como un "jazz panamericano".

Un virtuoso del piano, el cubano Gonzalo Rubalcaba viene de una familia de varias generaciones de músicos de danzón. Al igual que Danilo Pérez, fue percusionista antes de dedicarse al piano, lo cual hizo con ganas. Rubalcaba tocaba música de baile cubana tradicional con la afamada charanga Orquesta Aragón y también tocaba jazz. Después de que Dizzy Gillespie lo viera en Cuba durante su estancia en la isla a mediados de los años ochenta, el veterano trompetista del Cubop ayudó al joven pianista cubano

left: Danilo Pérez.

izquierda: Danilo Pérez.

played jazz. After Dizzy Gillespie saw him in Cuba during a visit to the island in the mid-1980s, the veteran Cubop trumpeter assisted the young Cuban pianist in acquiring international recognition. Rubalcaba settled in the United States in the mid-1990s, and since then he has maintained a busy performance schedule and recorded several CDs. Known for his brilliant mastery of polyrhythms, Rubalcaba demonstrated an introspective lyrical side in his 1998 CD *Inner Voyage.*

The many-sided development of Latin jazz may account for its popularity among diverse listening audiences across the United States. There is Latin jazz radio programming in nearly every major urban center, and in addition to numerous clubs that feature Latin jazz on a regular basis, many festivals around the country showcase Latin jazz. In the United States, the West Coast in particular has become a major locus of Latin jazz and is home to several yearly festivals that sometimes combine the sounds of Latin jazz with those of salsa. On a Thursday night each November, "The Latin Jazz Caravan" draws nearly five thousand people to more than twelve nightclubs in the Los Angeles area. Started by KLON, a Southern California jazz radio station, the

a adquirir una reputación internacional. Rubalcaba se estableció en los Estados Unidos a mediados de los años noventa y, desde entonces, ha mantenido una agenda de presentaciones muy llena y ha grabado varios CDs. Conocido por su deslumbrante dominio de los poliritmos, Rubalcaba demostró un lado introspectivo y lírico en su CD de 1998 *Inner Voyage.*

El desarrollo polifacético del jazz latino puede ser la causa de su popularidad entre las diversas audiencias por todos los Estados Unidos. Hay una programación de radio de jazz latino en casi todos los centros urbanos principales y, además de los numerosos clubes que ofrecen jazz latino con regularidad, muchos festivales alrededor del país hacen gala del jazz latino. En los Estados Unidos, la costa oeste se ha convertido en un punto clave particular del jazz latino y es sede cada año de varios festivales que a veces combinan los sonidos del jazz latino con la salsa. Una noche de jueves cada noviembre, "La caravana del jazz latino" atrae a casi cinco mil personas a más de doce centros nocturnos en el área de Los Ángeles. Iniciado por KLON, una estación de radio de jazz del sur de California, la velada hace un despliegue de una amplia variedad de presentaciones de jazz latino. Por todo el mundo el jazz latino representa una proporción cada vez mayor de la programación de varios festivales de jazz, algunos de los cuales (en Los Ángeles, Nueva York, Puerto Rico y Colombia, por nombrar algunos) se dedican por entero al jazz latino.

La proliferación de los festivales, las agendas de presentación tipo jet-set—muchos músicos hoy en día tocan por sólo unos días en cualquier ciudad determinada y viajan rápidamente por el mundo—y la proximidad de la música en el ciberespacio permiten que el nuevo talento del jazz latino adquiera visibilidad rápidamente. Hay tal abundancia de grandes intérpretes del jazz latino actual que se han publicado diccionarios de referencia para satisfacer las necesidades de aficionados e investigadores. Entre los numerosos y magníficos músicos jóvenes populares hoy en día, dos que sobresalen son el saxofonista David Sánchez y el flautista Orlando "Maraca" Valle.

left: David Sánchez at the Village Vanguard, New York, 1997.

izquierda: David Sánchez en el Village Vanguard, Nueva York, 1997.

opposite: Orlando "Maraca" Valle.

opuesta: Orlando "Maraca" Valle.

evening features a wide variety of Latin jazz performances. Around the world, Latin jazz represents an increasing proportion of the programming in various jazz festivals, some of which (in Los Angeles, New York, Puerto Rico, and Colombia, to name a few) are entirely dedicated to Latin jazz.

The proliferation of festivals, jet-set performance schedules—many musicians today perform for just a few days in any given city and travel quickly around the world—and the accessibility of music in cyberspace allow new talent in Latin jazz to gain high visibility rapidly. There is such an abundance of great performers in Latin jazz that reference dictionaries have been published to satisfy the needs of fans and researchers. Among the many excellent young performers popular today, two that stand out are saxophonist David Sánchez and flutist Orlando "Maraca" Valle.

A native of Guaynabo, Puerto Rico, David Sánchez is regarded as the outstanding saxophonist of the new generation of Latin jazz instrumentalists. He studied music at the University of Puerto Rico and at Rutgers University and has recorded with a wide variety of musicians, including Danilo Pérez, Eddie Palmieri, Paquito D'Rivera, Dizzy Gillespie, Arturo Sandoval, and Giovanni Hidalgo. Known for his highly rhythmic and flashy improvisations

Originario de Guaynabo, Puerto Rico, David Sánchez es considerado como el saxofonista más destacado de la nueva generación de instrumentistas de jazz latino. Estudió música en la Universidad de Puerto Rico y en Rutgers University y ha grabado con una gran variedad de músicos, entre ellos Danilo Pérez, Eddie Palmieri, Paquito D'Rivera, Dizzy Gillespie, Arturo Sandoval y Giovanni Hidalgo. Conocido por sus improvisaciones sumamente rítmicas y deslumbrantes en la modalidad afrocubana, Sánchez depende de los ritmos caribeños para el fundamento de su música, a menudo sin usar los instrumentos mismos de la percusión afrocaribeña. Su CD *Obsession* presenta versiones orientadas al jazz de clásicos latinoamericanos.

Un flautista técnicamente superior y un gran improvisador, Orlando "Maraca" Valle se integró a la orquesta Irakere de Chucho Valdés en 1988. Formó su propio grupo, Otra Visión, en 1994 y ha tocado y grabado con músicos veteranos, tales como Frank Emilio Flynn y Tata Güines, y con otros músicos jóvenes, incluso la canadiense Jane Bunnett. La maestría musical de Maraca Valle es omnipresente en sus CDs *Fórmula Uno* y *Havana Calling.*

in the Afro-Cuban mode, Sánchez relies on Caribbean rhythms for the foundation of his music, often without using the actual instruments of Afro-Caribbean percussion. His CD *Obsession* presents jazz-oriented versions of Latin American standards.

A technically superior flutist and a great improviser, Orlando "Maraca" Valle joined Chucho Valdés's Irakere orchestra in 1988. He formed his own group, Otra Visión, in 1994 and has played and recorded with veteran musicians, such as Frank Emilio Flynn and Tata Güines, and with other young musicians, including Canadian Jane Bunnett. Maraca Valle's superb musicianship is ever present in his CDs *Fórmula Uno* and *Havana Calling.*

> ***"In Southern California, especially in Los Angeles, which has become the immigration capital of the country, we can't say that our jazz audience is primarily black, or white, or middle class, or anything because the audience is everything and everybody. There is a tremendous diversity . . . the beast that is L.A. does not exist anywhere else, it is totally different from Chicago, or New York, there is an emerging America here."*** *Alfredo Cruz*

Afro-Cuban and Caribbean sacred traditions have also encouraged new musical directions. Canadian saxophonist and flutist Jane Bunnett became interested in Afro-Cuban folkloric music in the late 1980s, eventually recording *Spirits of Havana* in the early 1990s with veteran Cuban musicians, including Frank Emilio Flynn. She also sponsored a Flute Summit in Havana in the mid-1990s, which brought together flutists from Latin jazz and Cuban musical traditions. Her absorption into the Cuban music scene has earned her the nickname "Havana Jane."

> ***"En el sur de California, especialmente en Los Ángeles, que se ha convertido en la capital de los inmigrantes en el país, no podemos decir que nuestro público de jazz sea principalmente negro o blanco o de clase media o de ningún tipo porque el público es todo y todos. Hay una diversidad tremenda . . . la bestia que es L.A. no existe en ningún otro lado, es totalmente diferente de Chicago o Nueva York, hay una América emergente aquí".*** *Alfredo Cruz*

Las tradiciones sagradas afrocubanas y caribeñas también han estimulado nuevas direcciones musicales. La saxofonista y flautista canadiense Jane Bunnett se interesó por la música folclórica afrocubana a fines de los años ochenta, grabando eventualmente *Spirits of Havana* a principios de los años noventa con músicos cubanos veteranos, incluso Frank Emilio Flynn. También patrocinó un Encuentro Cumbre de la Flauta en La Habana a mediados de los años noventa, que reunió a flautistas de las tradiciones musicales cubanas y de jazz latino. Su devoción al ámbito musical cubano le ha ganado el apodo de "Havana Jane".

Una nueva generación de músicos de jazz latino combina asimismo la ejecución y la grabación innovadoras con la enseñanza de la música y la educación pública. El percusionista John Santos del área de la bahía de San Francisco comenzó a tocar las congas como adolescente en el grupo de su abuelo político, donde aprendió los elementos básicos de la música puertorriqueña y cubana. A principios de los años ochenta, él y la pianista Rebeca Mauleón formaron la Orquesta Batachanga, que lanzó dos LPs excitantes, *La Nueva Tradición* y *Mañana para los niños.* En 1986 formó la colorida Machete Ensemble, que ha grabado varios CDs muy respetados. A la vez, Santos ha mantenido una carrera muy activa

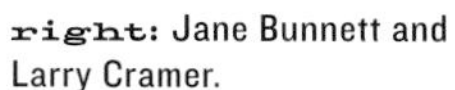

right: Jane Bunnett and Larry Cramer.

derecha: Jane Bunnett y Larry Cramer.

left: John Santos.

izquierda: John Santos.

A new generation of Latin jazz musicians also combines innovative performance and recording with music instruction and public education. San Francisco Bay Area percussionist John Santos began playing congas as a teenager in his step-grandfather's band, learning the basics of Puerto Rican and Cuban music. In the early 1980s, he and pianist Rebeca Mauleón formed the Orquesta Batachanga, which released two exciting LPs, *La Nueva Tradición* and *Mañana para los niños.* In 1986 he formed the colorful Machete Ensemble, which has recorded several highly regarded CDs. Simultaneously, Santos has maintained an active career in the Bay Area and beyond as an educator, writer, and lecturer on every facet of Puerto Rican and Cuban music, and as a radio programmer, promoter, and enthusiastic supporter of Latin jazz and salsa.

Pianist, percussionist, composer, and arranger Rebeca Mauleón was the cofounder with John Santos of the Orquesta Batachanga, and she works as co–musical director of the Machete Ensemble. She has performed and recorded with many salsa and Latin jazz musicians, including Tito Puente, Israel "Cachao" López, Giovanni Hidalgo, Justo Almario, Patato Valdés, and Poncho Sánchez. Her first CD as a bandleader, *Round Trip,* was released in 1998. Mauleón is also an active lecturer and Latin music educator and is the author of two important instructional books for students of salsa and Latin jazz: the *Salsa Guidebook for Piano and Ensemble* and *101 Montunos.*

en el área de la bahía de San Francisco y más allá como educador, escritor y conferencista sobre todas las facetas de la música cubana y puertorriqueña, y como programador de radio, promotor y entusiasta del jazz latino y la salsa.

La pianista, percusionista, compositora y arreglista Rebeca Mauleón fundó con John Santos la Orquesta Batachanga y fue codirectora musical de Machete Ensemble. Ha tocado y grabado con muchos músicos de salsa y jazz latino, entre ellos Tito Puente, Israel "Cachao" López, Giovanni Hidalgo, Justo Almario, Patato Valdés y Poncho Sánchez. Su primer CD como directora de banda, *Round Trip,* fue lanzado en 1998. Mauleón también se desempeña activamente como conferencista y educadora de la música latina, y es autora de dos libros importantes sobre la enseñanza de la salsa y el jazz latino: *Salsa Guidebook for Piano and Ensemble* y *101 Montunos.*

Nacido en Chihuahua, México, el vibrafonista Víctor Mendoza es profesor del Berklee College of Music. Mendoza ha grabado con Danilo Pérez, Claudio Roditi y Paquito D'Rivera. Conocido por su enfoque melódico del vibráfono y el sonido de conjunto de sus grupos, Mendoza ha grabado varios CDs como líder de banda, incluso el reciente *Black Bean Blues.*

Nacido en la sección Fort Apache del sur del Bronx en la ciudad de Nueva York en 1957, Bobby Sanabria se distingue como baterista, tumbador y como un percusionista muy completo. Asistió al Berklee College of Music de 1975 a 1979 y fundó su propio grupo, Ascension, en 1980. Un educador musical muy dedicado, Sanabria da clases en la New School y la Manhattan School of Music de la ciudad de Nueva York. Dirige las orquestas de jazz afrocubano de ambas escuelas, las únicas orquestas estudiantiles

left: Victor Mendoza, *Black Bean Blues*. BMI, 1998.

izquierda: Victor Mendoza, *Black Bean Blues*. BMI, 1998.

below: Giovanni Hidalgo and Cándido.

abajo: Giovanni Hidalgo y Cándido.

Born in Chihuahua, Mexico, vibraphonist Víctor Mendoza is a professor of percussion at the Berklee College of Music. Mendoza has recorded with Danilo Pérez, Claudio Roditi, and Paquito D'Rivera. Known for his melodic approach to the vibraphone and the ensemble sound of his groups, Mendoza has recorded several CDs as a leader, including the recent *Black Bean Blues.*

Born in the Fort Apache section of the South Bronx in New York City in 1957, Bobby Sanabria excels as a drummer, conga player, and all-around percussionist. He attended the Berklee College of Music from 1975 to 1979 and founded his own band, Ascension, in 1980. A committed music educator, Sanabria teaches in New York City at the New School and at the Manhattan School of Music. He conducts both schools' Afro-Cuban jazz orchestras, the only two student bands of this kind in the United States. Sanabria has played with the *crème de la crème* of Latin jazz, including Tito Puente, Mongo Santamaría, Mario Bauzá, Paquito D'Rivera, Dizzy Gillespie, and Ray Barretto. As a leader, Sanabria has released two successful CDs: *New York City Aché* in 1993 and *Afro-Cuban Dream . . . Live and in Clave!!!* in 1999.

Percussion remains an important foundation for Latin jazz. In the 1990s a young Puerto Rican prodigy took the art of Afro-Cuban drumming to new heights. Born into a family of musicians, Giovanni Hidalgo is regarded as one of the outstanding *congueros* of his generation. A founding member of the group Batacumbele in Puerto Rico, Hidalgo worked for several years with Charlie Palmieri, and he has taught percussion at the Berklee College of Music. A remarkable drummer with amazing speed and clear, powerful tones, he has recorded several albums under his own name.

de este tipo en los Estados Unidos. Sanabria ha tocado con la flor y nata del jazz latino, entre ella Tito Puente, Mongo Santamaría, Mario Bauzá, Paquito D'Rivera, Dizzy Gillespie y Ray Barretto. Como líder, Sanabria ha lanzado dos CDs de mucho éxito: *New York City Aché* en 1993 y *Afro-Cuban Dream . . . Live and in Clave!!!* en 1999.

La percusión sigue siendo un fundamento importante del jazz latino. En los años noventa un joven prodigio puertorriqueño llevó el arte de la percusión afrocubana a nuevas cúspides. Nacido en una familia de músicos, Giovanni Hidalgo es considerado como uno de los tumbadores más destacados de su generación. Uno de los miembros fundadores del grupo Batacumbele en Puerto Rico, Hidalgo trabajó por varios años con Charlie Palmieri, y ha dado clases de percusión en el Berklee College of Music. Un percusionista excepcional con una velocidad asombrosa y tonos claros y potentes, ha grabado varios álbumes bajo su propio nombre.

LATIN JAZZ TODAY

In the last decade or so, Latin jazz has grown in esteem and popularity, perhaps as the most dynamic element of the entire world of jazz.

> ***"There is an infectious element in Latin jazz . . . and you can detect it when you go to a club or a performance. It could be a straight-ahead jazz tune, and all of a sudden there is a break, and the piano player goes into a montuno, people just explode. . . ."*** *Alfredo Cruz*

Beginning in the early 1990s, tradition itself became innovation as the rising popularity of Latin jazz encouraged the renewed musical activity of some of its original founders. Outstanding individuals who had scarcely played and/or recorded for many years were brought back into the limelight and deservedly recognized. This was the case for both Mario Bauzá and Chico O'Farrill, who enjoyed renewed recognition. Bauzá and O'Farrill each recorded three new CDs before their deaths. These recordings combined remakes of the music they had created earlier with new compositions. They were unique not only because of their superior technical quality but also because the personnel involved in them included veterans as well as several generations of younger Latin jazz musicians. Tito Puente, who had recorded for over sixty years, combined forces with Eddie Palmieri for a musical grand finale with their CD *Masterpiece,* released after Puente's death in 2000. Other legendary Latin jazz musicians who performed old and new music during this period were Bebo Valdés, Cachao, and Al McKibbon.

Beginning with his 1995 release *Bebo Rides Again,* Valdés recorded three more CDs in subsequent years and performed at Latin jazz concerts throughout Europe. Cachao was the subject of a documentary film directed by actor Andy Garcia, *Como su ritmo no hay dos,* and released two outstanding CDs of Afro-Cuban instrumental music performed with various ensembles and appropriately titled *Master Sessions I* and *II.* Al McKibbon, who had

EL JAZZ LATINO EN LA ACTUALIDAD

En la última década aproximadamente, el jazz latino ha crecido en estima y popularidad, quizá como el elemento más dinámico de todo el mundo del jazz.

> ***"Hay un elemento contagioso en el jazz latino . . . y uno se da cuenta cuando va a un club o una presentación. Puede tratarse de una melodía de jazz puro y de pronto hay una pausa y el pianista se lanza con un montuno y la gente se vuelve loca. . . ."*** *Alfredo Cruz*

Comenzando a principios de los años noventa, la tradición misma se convirtió en innovación a medida que la creciente popularidad del jazz latino estimuló la renovada actividad musical de algunos de sus fundadores originales. Personas muy destacadas que apenas habían tocado o grabado durante muchos años fueron llevadas de nuevo a un primer plano y recibieron un merecido reconocimiento. Tal fue el caso tanto de Mario Bauzá como Chico O'Farrill, quienes disfrutaron de un reconocimiento renovado. Bauzá y O'Farrill grabaron tres CDs cada uno antes de su muerte. Estas grabaciones combinaron versiones nuevas de la música que habían creado anteriormente con composiciones nuevas. Son únicas no sólo por su calidad técnica superior, sino porque el personal que participó en ellas incluía a veteranos así como a varias generaciones jóvenes de músicos de jazz latino. Tito Puente, quien había grabado durante más de sesenta años, hizo un esfuerzo conjunto con Eddie Palmieri para producir la obra triunfal en CD *Masterpiece* lanzada después de la muerte de Tito Puente en el año 2000. Otros músicos de jazz legendarios que tocaron música antigua y nueva durante este período fueron Bebo Valdés, Cachao y Al McKibbon.

Comenzando con su lanzamiento en 1995 de *Bebo Rides Again,* Valdés grabó tres CDs más en años posteriores y se presentó en conciertos de jazz latino a través de Europa. Cachao fue el tema de un documental dirigido por Andy Garcia, *Como su ritmo no hay dos,* y lanzó dos CDs excepcionales de música instrumental afrocubana tocada por varios grupos, con el apropiado nombre de *Master Sessions I* y *II.* Al McKibbon, quien nunca antes había

left: Chico O'Farrill and Mongo Santamaría, 1995.

izquierda: Chico O'Farrill y Mongo Santamaría, 1995.

right: "The Conga Kings" Cándido Camero, Giovanni Hildalgo, and Patato perform at Symphony Space, New York, June 2000.

derecha: "Los Reyes de la Conga" Cándido Camero, Giovanni Hidalgo y Patato tocan en Symphony Space, Nueva York, junio 2000.

left: Tito Puente.

izquierda: Tito Puente.

never recorded as a bandleader before, issued his CD *Tumbao para los congueros de mi vida,* the title tune being a tribute to all the great *congueros* he had recorded with over the years: Chano Pozo, Mongo Santamaría, Cándido, Armando Peraza, Francisco Aguabella, and Carlos "Patato" Valdés. Spanish director Fernando Trueba featured O'Farrill, Bebo, Cachao, and Tito Puente, as well as Gato Barbieri, Paquito D'Rivera, Jerry González, and others in his Latin jazz film *Calle 54.*

"When you get tired of a lot of new musical innovations, you have to go to the roots of the music to retain the original flavor. Just like the blues is at the root of jazz, in Cuban music the root is the son." *Chucho Valdés*

At present, the Latin jazz field features musicians old and young; men and women from the Americas and beyond; percussion and melody soloists; a budding group of Latin jazz scholars; an increasing proportion of jazz radio programming; and enthusiastic audiences: all testimony to a distinguished history, a solid status in world culture, a vigorous currency, and a wide open artistic future.

grabado como director de banda, lanzó su CD *Tumbao para los congueros de mi vida;* la melodía del título era un tributo a todos los grandes tumbadores con los que había grabado a través de los años: Chano Pozo, Mongo Santamaría, Cándido, Armando Peraza, Francisco Aguabella y Carlos "Patato" Valdés. El director español Fernando Trueba contó con la actuación de O'Farrill, Bebo, Cachao y Tito Puente, así como Gato Barbieri, Paquito D'Rivera, Jerry González y otros, en su película sobre el jazz latino *Calle 54.*

"Cuando uno se cansa de tanta innovación musical, tiene que regresar a las raíces de la música para mantener el sabor original. Así como el blues está en la raíz del jazz, en la música cubana la raíz es el son". *Chucho Valdés*

En estos momentos el campo del jazz latino cuenta con músicos ya mayores y jóvenes; hombres y mujeres del continente americano y más allá; solistas percusivos y melódicos; un naciente grupo de estudiosos del jazz latino; una proporción de programas de radio de jazz que va en aumento; y públicos entusiastas: todo ello testimonio de una historia distinguida, una posición sólida en la cultura mundial, una difusión vigorosa y un futuro artístico abierto de par en par.

THE FUTURE OF LATIN JAZZ

Right at this moment, Latin jazz is going through a very interesting stage of experimentation, covering a wide spectrum of styles according to the expressive needs of its artists. For one thing, old Afro-Cuban formulas such as clave, *montunos,* and *descargas,* used over and over to exhaustion, will eventually recede and give way to richer and more adventurous approaches, towards rhythmic diversity and freedom, harmonic and melodic subtleness, and changes in phrasing, textures, and structure. This is already happening. And what once was strictly a fusion of bebop and Afro-Cuban music is now absorbing the whole musical legacy of the Caribbean and Latin America, from Martinique to Brazil, from Panama to Argentina.

On the West Coast, with a particularly multiethnic background, the scene is booming with musicians from almost every corner of the Americas. Meanwhile, Brazilian influence is growing each day, and new sounds from Mother Africa are making some musicians rethink basic concepts from A to Z. Havana's melting pot is hotter than ever. There seem to be no more boundaries, as compositions teeter on the borderline of "world music." And why not? After all, Latin jazz was the first step towards this all-encompassing fusion, which certainly can contribute to cultural understanding among peoples of the whole world.

Of course, traditional Afro-Cuban music, like salsa and "danceable" Latin jazz, will go on, like New Orleans jazz or the everlasting blues. So, more than ever we must reject those prophets of doom who either predict the crisis of jazz or Latin jazz, or announce that globalization will bring a boring and sterile uniformity to music and the arts, which is exactly the opposite of what is happening. Latin jazz proves it, growing in depth as well as its variety of styles, and like jazz itself, proving it is definitely here to stay.

Leonardo Acosta

EL FUTURO DEL JAZZ LATINO

Precisamente en este momento, el jazz latino está atravesando una etapa muy interesante de experimentación, cubriendo una amplia gama de estilos de acuerdo a las necesidades expresivas de sus artistas. En primer lugar, las fórmulas afrocubanas antiguas como la clave, los montunos y las descargas, usadas una y otra vez hasta el cansancio, a la larga se desvanecerán y darán lugar a enfoques más ricos y atrevidos hacia la diversidad y la libertad rítmicas, la sutileza armónica y melódica, y los cambios en el fraseo, la textura y la estructura. Esto ya es un hecho. Y lo que entonces fuera la fusión estricta del bebop y la música afrocubana está absorbiendo ahora todo el legado musical del Caribe y América Latina, de Martinica a Brasil, de Panamá a Argentina.

En la costa oeste, con un mosaico multiétnico particular, el ámbito musical está en auge con músicos provenientes de todos los rincones del continente americano. Mientras tanto, la influencia brasileña crece cada día y los nuevos sonidos de la madre África está haciendo que algunos músicos reconsideren el ABC de los conceptos básicos. La mezcla de las diversas culturas de La Habana está más candente que nunca. Parece ser que ya no hay más fronteras, a medida que las composiciones están al borde de la "música global". ¿Y por qué no? Después de todo, el jazz latino fue el primer paso hacia esta fusión que todo lo incorpora, lo cual seguramente puede contribuir a la comprensión cultural entre los pueblos de la tierra.

Por supuesto que la música tradicional afrocubana, como la salsa y el jazz latino "bailable" seguirán adelante, como el jazz de Nueva Orléans o el blues imperecedero. Así que hoy más que nunca debemos rechazar a los agoreros quienes ya predicen la crisis del jazz o del jazz latino, o bien anuncian que la globalización llevará la música y las artes a una uniformidad tediosa e infructuosa, precisamente lo opuesto de lo que está ocurriendo. El jazz latino es prueba de esto, desarrollando una profundidad y variedad de estilos que, como el jazz mismo, comprueba que definitivamente llegó para quedarse.

Leonardo Acosta

above: Arturo Sandoval performing at Lincoln Center, New York, March 10, 1995.

arriba: Arturo Sandoval se presenta en el Lincoln Center, Nueva York, 10 de marzo de 1995.

NOTES

Many of the quotations in this book are excerpts from longer interviews conducted as part of the Smithsonian's Jazz Oral History Program, part of America's Jazz Heritage, A Partnership of the Lila Wallace-Readers' Digest Fund and the Smithsonian Institution.

What was initially known as the Jazz Oral History Project began in 1972 with funding from the National Endowment for the Arts. In 1980, the Institute for Jazz Studies at Rutgers University in Newark, New Jersey, became the administrator and repository of the 122 taped and transcribed interviews collected until the project's end in 1984. Through America's Jazz Heritage, the project was reactivated in 1992 and expanded into what is now the Smithsonian Jazz Oral History Program (SJOHP).

The need for an oral history project grew out of the recognition that a fleeting opportunity still exists to record and document the knowledge and recollections of musicians and other practitioners who were instrumental in the creation of the music we know as jazz. The insights gained from the aspirations, lives, and times shared in the more than 250 interviews collected are invaluable to establishing a comprehensive, permanent record of American musical and cultural history. SJOHP, in collaboration with other national and international institutions, is also working to establish a national network of repositories for jazz oral histories.

Quotations from interviews conducted by the Smithsonian Jazz Oral History Project are indicated by the abbreviation SJOHP.

PREFACE

Page 11. Quote from Martín Espada, "Shaking Hands with Mongo," from *Rebellion is the Circle of a Lover's Hands* (Willimantic, Conn.: Curbstone Press, 1990). Copyright © 1990 by Martín Espada. Reprinted by permission of the author.

1 / ROOTS AND ROUTES

Page 13. Arturo "Chico" O'Farrill, SJOHP, December 1995.

Page 14. Jelly Roll Morton quoted in Alan Lomax, *Mister Jelly Roll: The Fortunes of Jelly Roll Morton, New Orleans Creole and "Inventor of Jazz"* (Berkeley: University of California Press, 2001).

Page 16. Barney Bigard, SJOHP, July 1976.

Page 20. Warren "Baby" Dodds, *The Baby Dodds Story* (Los Angeles: Temporary Press, 1959).

Page 23. Jelly Roll Morton quoted in Lomax, Mister Jelly Roll. Louis Armstrong, *Satchmo: My Life in New Orleans* (New York: Prentice-Hall, 1954).

Page 34. Juan Tizol, SJOHP, 1978.

Page 39. Leonardo Acosta, "El Jazz cubano: una historia de casi un siglo," *Música Cubana,* no. I (1998).

2 / SOUL OF THE PEOPLE

Page 43. This popular phrase is often attributed to Cuban poet and partiot José Martí.

Page 45. Bauzá, SJOHP, September 1992.

Page 46. Chucho Valdés, SJOHP, June 1998. Mario Bauzá, SJOHP, September 1992.

opposite: Los Angeles Latin jazz bandleader René Bloch with legendary Cuban musician Miguelito Valdés.

opuesta: El director de banda René Bloch de Los Ángeles con el legendario músico cubano Miguelito Valdés.

NOTAS

Muchas de las citas de este libro son pasajes de entrevistas más largas llevadas a cabo como parte del Programa de Historia Oral del Smithsonian, parte de Patrimonio del Jazz Estadounidense [America's Jazz Heritage], una asociación del Lila Wallace-Reader's Fund y la Institución Smithsonian.

Lo que se conoció en un principio como el Proyecto de Historia Oral del Jazz comenzó en 1972 bajo los auspicios de la Fundación Nacional para las Artes. En 1980, el Instituto para Estudios del Jazz de la Universidad de Rutgers en Newark, New Jersey, se convirtió en el administrador y depositario de las 122 entrevistas grabadas y transcritas recopiladas hasta el término del proyecto en 1984. A través del Patrimonio del Jazz Estadoun-idense, el proyecto fue reactivado en 1992 y ampliado a lo que ahora es el Programa de Historia Oral del Jazz del Smithsonian (SJOHP, por sus siglas en inglés).

La necesidad de un proyecto de historia oral surgió del reconocimiento de que existía quizá una última oportunidad de grabar y documentar los conocimientos y los recuerdos de los músicos y otros profesionales que fueron instrumentales en la creación de la música que conocemos como jazz. Las nuevas percepciones adquiridas de las aspiraciones, vidas y épocas compartidas en las más de 250 entrevistas recopiladas son inestimables en el establecimiento de un archivo exhaustivo y permanente de la historia cultural y musical estadounidense. SJOHP, en colaboración con otras instituciones nacionales e internacionales, también está desarrollando una red nacional de depositarios de historias orales del jazz.

Las citas de las entrevistas llevadas a cabo como parte del Proyecto de Historia Oral del Smithsonian se indican con las siglas SJOHP.

PREFACIO

Página 11. Cita de Martín Espada, "Dándole la mano a Mongo", de *Rebellion is the Circle of a Lover's Hands [La rebelión es el círculo formado por las manos de un amante]* (Willimantic, Conn.: Curbstone Press, 1990). Derechos de autor © 1990 de Martín Espada. Reimpreso con permiso del autor.

1 / RAICES Y RUTAS

Página 13. Arturo "Chico" O'Farrill, SJOHP, diciembre 1995.

Página 14. Cita de Jelly Roll Morton en *Mister Jelly Roll: The Fortunes of Jelly Roll Morton,* New Orleans Creole and "Inventor of Jazz" *[Míster Jelly Roll: La trayectoria de Jelly Roll Morton, criollo de Nueva Orléans e "Inventor del jazz"]* de Alan Lomax (Berkeley: Universidad de California Press, 2001)

Página 15. Barney Bigard, SJOHP, julio 1976.

Página 20. Warren "Baby" Dodds, *The Baby Dodds Story [La historia de Baby Dodds]* (Los Ángeles: Temporary Press, 1959).

Página 23. Cita de Jelly Roll Morton en *Mister Jelly Roll* de Lomax. Louis Armstrong, *Satchmo: My Life in New Orleans [Satchmo: mi vida en Nueva Orléans]* (Nueva York: Prentice-Hall, 1954).

Página 34. Juan Tizol, SJOHP, 1978.

Página 39. Leonardo Acosta, "El jazz cubano: una historia de casi un siglo", *Música Cubana,* no. I (1998).

2 / EL ALMA DEL PUEBLO

Página 43. Frase popular atribuida con frecuencia al poeta y patriota cubano José Martí.

Page 47. Cándido Camero, from an interview with David M. Meade in "Cándido," *Latin Percussion* (January 1994).

Page 48. Graciela, SJOHP, September 1998.

Page 49. Arturo "Chico" O'Farrill, quoted by Max Salazar in "Cuba and Beyond," *Latin Beat* (August 1992).

Page 50. Quoted by Max Salazar in "Stan Kenton's Latin Jazz Connections," *Latin Beat* (May 1999).

Page 54. Al McKibbon, SJOHP, June 1993.

Page 57. Mario Bauzá, SJOHP, September 1992.

Page 58. *Newsweek,* August 16, 1954.

Page 60. Bebo Valdés, SJOHP, September 2000.

Page 61. Bebo Valdés, SJOHP, September 2000.

Page 62. Víctor Hernández Cruz, "Salsa as a Cultural Root," *in Red Beans: Poems by Víctor Hernández Cruz* (Minneapolis: Coffee House Press, 1991).

Page 64. Max Salazar, "Afro-Cubop History," *Latin Beat* (March 1992).

Page 70. Frank Emilio Flynn, SJOHP, December 1999.

Page 71. Frank Emilio Flynn, SJOHP, December 1999.

3 / THE LATIN BEAT

Page 73. Mario Bauzá, SJOHP, September 1992.

Page 74. Chuy Varela, "Carlos Santana: On the Good Road," *Latin Beat* (April 1993).

Page 75. Jack Kerouac, *On the Road* (New York: Viking Penguin, 1997).

Page 76. Armando Peraza, SJOHP, September 1994.

Page 77. Chuy Varela, "Carlos Santana: On the Good Road," *Latin Beat* (April 1993).

Page 80. Cándido Camero, SJOHP, March 1999.

Page 81. Cándido Camero, from an interview with David M. Meade in "Cándido," *Latin Percussion* (January 1994).

Page 82. Al McKibbon, SJOHP, June 1993.

Page 83. Max Salazar, 2001.

Page 84. Max Salazar, 2001.

Page 85. Chuy Varela, SJOHP, January 2001.

Page 87. Mongo Santamaría, SJOHP, July 1996.

Page 91. Carlos "Patato" Valdés, SJOHP, September 1995.

Page 94. Carlos "Patato" Valdés, SJOHP, September 1995.

Page 95. Francisco Aguabella, SJOHP, June 1995.

Page 100. Israel "Cachao" López, SJOHP, January 1994.

Page 102. Carlos del Puerto, SJOHP, September 1998. Tata Güines, SJOHP, December 1999.

4 / TRADITION AND INNOVATION

Page 104. Danilo Lozano, in an interview with José Rizo, SJOHP, March 2001.

Page 112. Carlos del Puerto, SJOHP, September 1998.

Page 114. Chucho Valdés, SJOHP, June 1998.

Page 115. Chucho Valdés, in an interview with Raúl Fernández, September 1995.

Page 117. Paquito D'Rivera, in Chip Stern, "Paquito D'Rivera: New Worlds, Old Worlds," *Jazz Times* (June 1999). Lee Jeske, "Gate Swings Open for Sandoval," *New York Post,* August 22, 1990.

Page 118. José Rizo, SJOHP, March 2001.

Page 119. Poncho Sánchez, interview in *Poncho Sánchez: The Sites and Sounds of Latin Jazz* (Los Angeles: Music Video Library, 2001.

Page 123. Raúl Fernández, 2001.

Page 127. Alfredo Cruz, SJOHP, March 2001.

Page 130. Alfredo Cruz, SJOHP, March 2001.

Page 132. Chucho Valdés, SJOHP, June 1998.

Page 133. Leonardo Acosta, 2001.

Página 45. Mario Bauzá, SJOHP, septiembre 1992.

Página 46. Chucho Valdés, SJOHP, junio 1998. Mario Bauzá, SJOHP, septiembre 1992.

Página 47. Cándido Camero, de una entrevista con David M. Meade en "Cándido", *Latin Percussion* (enero 1994).

Página 48. Graciela, SJOHP, septiembre 1998.

Página 49. Arturo "Chico" O'Farrill, citado por Max Salazar en "Cuba and Beyond" ["Cuba y más allá"], *Latin Beat* (agosto 1992).

Página 51. Citado por Max Salazar en "Stan Kenton's Latin Jazz Connections" ["Las conexiones con el jazz latino de Stan Kenton"], *Latin Beat* (mayo 1999).

Página 54. Al McKibbon, SJOHP, junio 1993.

Página 57. Mario Bauzá, SJOHP, septiembre 1992.

Página 58. *Newsweek,* 16 agosto 1954.

Página 60. Bebo Valdés, SJOHP, septiembre 2000.

Página 61. Bebo Valdés, SJOHP, septiembre 2000.

Página 62. Víctor Hernández Cruz, "Salsa as a Cultural Root" [La salsa como una raíz cultural], en *Red Beans: Poems by Víctor Hernández Cruz* (Minneapolis: Coffee House Press, 1991).

Página 64. Max Salazar, "Afro-Cubop History" ["Historia del Afro-Cubop"], *Latin Beat* (marzo 1992).

Página 70. Frank Emilio Flynn, SJOHP, diciembre 1999.

Página 71. Frank Emilio Flynn, SJOHP, diciembre 1999.

3 / EL RITMO LATINO

Página 73. Mario Bauzá, SJOHP, septiembre 1992.

Página 74. Chuy Varela, "Carlos Santana: On the Good Road" ["Carlos Santana: por el buen camino"], *Latin Beat* (Abril 1993). Jack Kerouac, *On the Road* [En el camino] (Nueva York: Viking Penguin, 1997).

Página 76. Armando Peraza, SJOHP, septiembre 1994.

Página 77. Chuy Varela, "Carlos Santana: On the Good Road" ["Carlos Santana: por el buen camino"], *Latin Beat* (abril 1993).

Página 80. Cándido Camero, SJOHP, marzo 1999.

Página 81. Cándido Camero, de una entrevista con David M. Meade en "Cándido", *Latin Percussion* (enero 1994).

Página 82. Al McKibbon, SJOHP, junio 1993.

Página 83. Max Salazar, 2001.

Página 84. Max Salazar, 2001.

Página 85. Chuy Varela, SJOHP, enero 2001.

Página 87. Mongo Santamaría, SJOHP, julio 1996.

Página 91. Carlos "Patato" Valdés, SJOHP, septiembre 1995.

Página 94. Carlos "Patato" Valdés, SJOHP, septiembre 1995.

Página 95. Francisco Aguabella, SJOHP, junio 1995.

Página 100. Israel "Cachao" López, SJOHP, enero 1994.

Página 102. Carlos del Puerto, SJOHP, septiembre 1998. Tata Güines, SJOHP, diciembre 1999.

4 / TRADICIÓN E INNOVACIÓN

Página 104. Danilo Lozano, en una entrevista con José Rizo, SJOHP, marzo 2001.

Página 112. Carlos del Puerto, SJOHP, septiembre 1998.

Página 114. Chucho Valdés, SJOHP, junio 1998.

Página 115. Chucho Valdés, en una entrevista con Raúl Fernández, septiembre 1995.

Página 117. Paquito D'Rivera, en "Paquito D'Rivera: New Worlds, Old Worlds" ["Paquito D'Rivera: Mundos nuevos, mundos antiguos"] de Chip Stern, *Jazz Times* (Junio 1999). "Gate Swings Open for Sandoval" ["La puerta se abre para Sandoval"] de Lee Jeske, *New York Post,* 22 agosto, 1990.

Página 118. José Rizo, SJOHP, marzo 2001.

Página 119. *Poncho Sánchez, entrevista en Poncho Sánchez: The Sites and Sounds of Latin Jazz* [Poncho Sánchez: Locales y sonidos del jazz latino] (Los Ángeles: Music Video Library, 2001).

Página 123. Raúl Fernández, 2001.

Página 127. Alfredo Cruz, SJOHP, marzo 2001.

Página 130. Alfredo Cruz, SJOHP, marzo 2001.

Página 132. Chucho Valdés, SJOHP, junio 1998.

Página 133. Leonardo Acosta, 2001.

CREDITS / CRÉDITOS

Cover and page 72: Photo © Herman Leonard.

Pages 1, 2, and 88: Courtesy of Chico Sesma.

Page 4: Photo © Ray Avery.

Pages 6 and 86: Courtesy Ray Avery's Jazz Archives.

Back cover and page 8: Photo © William P. Gottlieb from the Library of Congress Collection.

Page 11: Courtesy The Justo A. Martí Photographic Collection, Centro de Estudios Puertorriqueños, Hunter College, CUNY.

Pages 12, 14, 20 (*bottom*), 21 (*top and bottom right*), 23: Courtesy The Historic New Orleans Collection.

Pages 15, 16 (*top and bottom*), 18 (*top and bottom*), 19, 21 (*bottom left*), 22 (*top and bottom*), 24, 25 (*top*), 31: Courtesy Hogan Jazz Archive, Howard-Tilton Memorial Library, Tulane University.

Page 20 (*top*): Courtesy Frank Driggs Collection through the Archives Center, National Museum of American History, Smithsonian Institution, Washington, D.C.

Page 25 (*bottom*): National Archives and Records Administration, Washington, D.C.

Page 26: Courtesy David Carp.

Pages 28, 29, 34, and 35: Courtesy Frank Driggs Collection.

Page 30: Courtesy Max Salazar Archives.

Page 32: Courtesy Frank Driggs Collection through the Archives Center, National Museum of American History, Smithsonian Institution, Washington, D.C.

Page 33: Courtesy Collection of Duncan Schiedt.

Pages 36, 37, and 38 (*bottom*): Courtesy Leonardo Acosta.

Page 38: Courtesy Laura-May Azpiazu Taufaasau, Honolulu, Hawaii, and Harlequin Records, Sussex, England.

Page 39 and 41 (*top*): Courtesy Tumbao Cuban Classics.

Page 40: Courtesy Arhoolie Records, El Cerrito, California.

Page 41 (*bottom*): Courtesy Raúl Fernández.

Page 42 and 47 (*bottom, detail*): Photo © William P. Gottlieb from the Library of Congress Collection.

Pages 44 and 45: Collection of Lourdes Bauzá. Courtesy Max Salazar Archives.

Page 47: Courtesy Mericana and Salsoul Records.

Page 48 (*top and bottom*): Courtesy Graciela.

Page 49: Courtesy Max Salazar Archives.

Page 50: Photo © Herman Leonard.

Page 51 (*top*): Courtesy Ray Avery's Jazz Archives.

Page 51 (*bottom*): Artwork courtesy Capitol Records.

Page 52: Courtesy Frank Driggs Collection.

Page 53: Courtesy Michael Ochs Archives, Venice, California.

Page 54: Courtesy GNP Crescendo Record Co. Inc., Gene Norman, president.

Page 54: "I See Chano Pozo" © 2001 Jayne Cortez.

Page 55: Courtesy Max Salazar Archives.

Page 56 (*top and bottom*): Photos © Herman Leonard.

Page 57: Courtesy Frank Driggs Collection.

Page 58: Courtesy The Justo A. Martí Photographic Collection, Centro de Estudios Puertorriqueños, Hunter College, CUNY.

Page 59: Courtesy Oakland Museum of California.

Page 60: Courtesy Leonardo Acosta.

Page 61 (*top*): Courtesy The Pedro "Piquito" Marcano Collection. Courtesy Grego Marcano. Centro de Estudios Puertorriqueños, Hunter College, CUNY.

Page 61 (*bottom*): Courtesy BMG US Latin.

Pages 62 and 63 (*top, right, and left*): Courtesy Max Salazar Archives.

Page 63 (*bottom*): Courtesy West Side Latino Records Corp.

Page 64: Courtesy Institute of Jazz Studies, Rutgers University.

Page 65 (*top*): Courtesy Spotlite (UK) Records.

Page 65 (*bottom*): Courtesy Max Salazar Archives.

Page 66: Courtesy Graciela.

Page 67: Courtesy Chico Sesma.

Page 68: Courtesy Caney (Blue Moon S.I)

Page 69 (*top*): Courtesy Frank Driggs Collection.

Page 69 (*bottom*) and 71 (*top*): Courtesy Leonardo Acosta.

Page 71 (*bottom*): Courtesy Blue Note Records.

Page 74: Courtesy Frank Driggs Collection.

Page 75: Photo © Jerry Stoll.

Page 75: From *On the Road* by Jack Kerouac, copyright (c) 1955, 1957 by Jack Kerouac; renewed (c) 1983 by Stella Kerouac, renewed (c) 1985 by Stella Kerouac and Jan Kerouac. Used by permission of Viking Penguin, a division of Penguin Putnam Inc.

Page 76: Photo © Veryl Oakland.

Page 78: Photo © Lee Tanner/The Jazz Image.

Page 80: Courtesy Blue Note Records.

Page 81: Courtesy GNP Crescendo Record Co. Inc., Gene Norman, president.

Page 82: Courtesy Blue Note Records © Capitol Jazz.

Page 83 (*top*): Courtesy Max Salazar.

Pages 83 (*bottom*), 84 (*bottom*), 89 (*top*), and 90 (*top*): Courtesy Chico Sesma.

Page 84 (*top*) and 87: Courtesy Fantasy, Inc.

Page 85: Courtesy Ray Avery Photo.

Page 88: "Shaking Hands with Mongo" from *Rebellion Is the Circle of a Lover's Hands* (Willimantic, Conn.: Curbstone Press, 1990) by Martín Espada. Copyright © 1990 by Martín Espada. Reprinted by permission of the author.

Page 89 (*bottom*): Photo © Chuck Stewart.

Page 90 (*bottom*): Courtesy The Verve Music Group.

Page 91: Courtesy Graciela.

Page 92: Photo © Jack Vartoogian/Front Row Photos, New York City.

Page 93: Courtesy Ray Avery Photo.

Page 94: Courtesy Carmine Schiavone.

Page 95: Courtesy Orna Rachovitsky.

Page 96 (*top*) and 97: Courtesy Chico Sesma.

Page 96 (*bottom*): Courtesy Farnia Records.

Page 98: Photo © Herman Leonard.

Pages 99 and 103: Courtesy Balbao Records Co., Culver City, California.

Page 100: Cachao, June 2000, Summerstage, New York City © R. Andrew Lepley.

Page 101: Photo © Izzy Sanabria.

Page 102: Courtesy Leonardo Acosta.

Page 104: Photo © Lee Tanner/The Jazz Image.

Page 106: Photo © Chuck Stewart.

Page 107 (*top*): Chocolate with Cachao performing at the Barns at Wolf Trap, McLean, Virginia, March 30, 1995. Photo © Michael Wilderman/Jazz Visions.

Page 107 (*bottom left*): Courtesy Tico Records.

Page 107 (*bottom right*): Designed by Izzy Sanabria. Courtesy Izzy Sanabria.

Page 108 (*left*): Photo © Chuck Stewart.

Page 108 (*top right*): Photo from Izzy Sanabria's *Latin NY Magazine* archives. Courtesy Izzy Sanabria.

Pages 108 (*bottom right*) and 110: Courtesy Sony Music.

Page 109: Courtesy Izzy Sanabria.

Page 111 (*left*): Courtesy *Downbeat* magazine.

Page 111 (*right*): Carlos Santana performing at the JVC Jazz Festival, Saratoga, New York, c. 1987. Photo © Ken Franckling.

Page 111 (*bottom*): Luis Gasca performing with the Mongo Santamaría band at the Boston Globe Jazz Festival, 1967. Photo © Lee Tanner/The Jazz Image.

Page 112: Photo from Izzy Sanabria's Latin NY Magazine archives. Courtesy Izzy Sanabria.

Page 113 (*top*): Courtesy Sony Music.

Page 113 (*bottom*): Photo © Ira Sabin. Courtesy Ira Sabin/*JazzTimes* magazine.

Page 114: Música de las Americas concert, held at Baird Auditorium, National Museum of Natural History, Smithsonian Institution, Washington, D.C., 2000. Photograph by Hugh Tallman.

Page 115 (*top*): Photo © 2002 Jimmy Katz.

Page 115 (*bottom*): Courtesy Leonardo Acosta.

Page 116: Arturo Sandoval's WBGO FM interview with Alfredo Cruz, Newark, New Jersey, August 1990. Photo © Enid Farber.

Page 117: Courtesy Fantasy, Inc.

Page 118: Poncho Sanchez, Presidential Jazz Festival, Philadelphia, February 1997. Photo © R. Andrew Lepley.

Pages 119 and 120: Photo © John Abbott.

Page 121 (*left*): Jerry González at the Village Gate. Photo © Mary Kent.

Pages 121 (*right*) and 122 (*right*): Courtesy Tonga Productions.

Page 122 (*left*): Photo © Jeffrey Kliman/Photography You Can Hear.

Page 123: Courtesy Fantasy, Inc.

Page 124: Gonzalo Rubalcaba, Mt. Hood Jazz Festival, Portland, Oregon, August 1998. Photo © R. Andrew Lepley.

Page 125: Photo © John Abbott.

Pages 126 and 127 (*bottom*): Photo © Ken Franckling.

Page 127 (*top*): Photo © Bernard Chauveau.

Page 128: Photo © David Belove.

Page 129 (*top*): Courtesy Victor Mendoza. Cover art, *Algarabía,* oil painting by Antonio Mendoza, Santa Fe, New Mexico.

Page 129 (*bottom*): Hidalgo and Cándido performing at JVC Jazz Festival, Saratoga, New York, 1999. Photo © Ken Franckling.

Page 131 (*top*): Photo © John Abbott.

Page 131 (*bottom*): The Congo Kings performing at Symphony Space, New York City, June 23, 2000. Photo © 2000 Jack Vartoogian/Front Row Photos, New York City.

Page 132: "Heavenly Tito," Blue Note, New York City, November 7, 1993. Photo © Enid Farber.

Page 133: Arturo Sandoval and the Lincoln Center Latin Jazz Orchestra, with Tito Puente (at right), performing at Alice Tully Hall, Lincoln Center, New York City, March 10, 1995. Photo © 1995 Jack Vartoogian/Front Row Photos, New York City.

Page 134: Courtesy Ray Avery's Jazz Archives.

Page 143: Courtesy Chico Sesma.

Page 144: Photo © 2002 Jimmy Katz.

INDEX OF MUSICIANS / INDÍCE DE MÚSICOS

The following page numbers refer to the English text only. Numbers in italics indicate pages on which a relevant illustration appears.

Los siguientes números de página se refieren únicamente al texto en inglés. Los números en cursiva indican las páginas en las que aparece una ilustración relevante.

M

N

O

P

R

S

T

V

W

Y

ACKNOWLEDGMENTS

When Latin jazz fills the air, magic happens. No one can escape its enchanting sounds, its energetic beats, and its invigorating rhythms. Latin jazz knows no bounds. It is an international music that captivates audiences around the world.

It takes cooperation and a shared vision among musicians to create "the perfect combination" of Latin jazz. In a similar way, this book and a traveling exhibition on the subject are the result of a united effort, one fueled by a love of music and a desire to acknowledge those outstanding musicians who have moved us to so many hours of pleasurable listening and dancing.

We are happy to acknowledge the continued support of America's Jazz Heritage, A Partnership of the Lila Wallace-Reader's Digest Fund and the Smithsonian Institution, in bringing to fruition this ambitious project, and we welcome the involvement and support of BET Jazz as well.

The steady voice behind this enormous retelling of the story of Latin jazz belongs to Raúl Fernández. His personal love of the music and his admiration of and friendship with generations of musicians shaped the presentation of this material. Through his efforts we can enjoy the personal insights and memories of Francisco Aguabella, Alfredo "Chocolate" Armenteros, Mario Bauzá, Israel "Cachao" López, Cándido Camero, Frank Emilio Flynn, Graciela, Tata Güines, Al McKibbon, Chico O'Farrill, Armando Peraza, Mongo Santamaría, Bebo Valdés, Carlos "Patato" Valdés, Chucho Valdés, and many others.

Their tales of musical innovations are replayed here, on the pages of Latin Jazz. The efforts of SITES editors Elizabeth Goldson Nicholson and Nancy Eickel are to be commended, as is the unflagging assistance provided by Jake Flack of PhotoAssist. Liliana Valenzuela's translation of the text is exceptional. Once again Chronicle Books has collaborated with us to produce a handsome book that melds word and image. We offer a special word of thanks to Chronicle's Editorial Director, Literature, Jay Schaefer, Associate Editor Steve Mockus, and Designer Vivien Sung. We are grateful as well to Andy González, Robert Farris Thompson, and Al McKibbon for penning their thoughts in the foreword, preface, and afterword, respectively. The generosity of those photographers who permitted us to include their images in this book also is warmly appreciated.

AGRADECIMIENTOS

Cuando el jazz latino resuena por el aire, sucede la magia. Nadie puede escapar de sus encantadores sonidos, sus enérgicos compases y sus estimulantes ritmos. El jazz latino no tiene límites. Es una música internacional que cautiva a los públicos alrededor del mundo.

Se requiere de la cooperación y una visión compartida entre los músicos para crear "la combinación perfecta" del jazz latino. De manera similar, este libro y la exposición itinerante sobre el tema son el resultado de un esfuerzo conjunto, uno alimentado por el amor a la música y el deseo de dar un reconocimiento a esos músicos sobresalientes que nos traído tantas horas de un gozoso escuchar y bailar.

Nos complace reconocer el apoyo continuo del Patrimonio del Jazz Estadounidense *[America's Jazz Heritage]*, una asociación del *Lila Wallace-Reader's Fund* y la Institución Smithsonian, en la cristalización de este ambicioso proyecto; asimismo, agradecemos la participación y el apoyo de *BET Jazz.*

La firme voz detrás de este enorme recuento de la historia del jazz latino es de Raúl Fernández. Su pasión por esta música, y su admiración y amistad con generaciones de músicos dieron forma a la presentación de este material. A través de sus esfuerzos podemos disfrutar de la perspicacia y los recuerdos de Francisco Aguabella, Alfredo "Chocolate" Armenteros, Mario Bauzá, Israel "Cachao" López, Cándido Camero, Frank Emilio Flynn, Graciela, Tata Güines, Al McKibbon, Chico O'Farrill, Armando Peraza, Mongo Santamaría, Bebo Valdés, Carlos "Patato" Valdés, Chucho Valdés y muchos otros.

Sus relatos sobre las innovaciones musicales se repiten aquí, en las páginas de Jazz Latino. Merecen elogio los esfuerzos de las editoras de SITES, Elizabeth Goldson Nicholson y Nancy Eickel, así como el apoyo constante de Jake Flack de PhotoAssist. La traducción del texto de Liliana Valenzuela es excepcional. Una vez más Chronicle Books ha colaborado con nosotros para producir un espléndido libro que conjuga palabra e imagen. Un agradecimiento especial al Director Editorial en Literatura de Chronicle, Jay Schaefer, al Director Asociado Steve Mockus, y a la diseñadora Vivien Sung. Estamos también muy agradecidos con Andy González, Robert Farris Thompson y Al McKibbon por escribir sus pensamientos en el prólogo, el prefacio y el epílogo, respectiva-

Through the commitment and interest of all involved, we are proud to bring the enticing experience of Latin jazz to music lovers around the world.

Anna R. Cohn, Director
Smithsonian Institution Traveling Exhibition Service (SITES)

mente. Se agradece sinceramente la generosidad de aquellos fotógrafos que nos permitieron incluir sus imágenes en este libro.

Gracias a la dedicación y el interés de todos los partícipes, nos complace presentar la cautivadora experiencia de Jazz Latino a los entusiastas de la música por todo el mundo.

Anna R. Cohn, Directora
Servicio de Exhibiciones Itinerantes de la Institución Smithsonian (SITES)

Latin Jazz team, Smithsonian Institution Traveling Exhibition Service (SITES):/ Personal del Servicio de Exhibiciones Itinerantes de la Institución Smithsonian (SITES) que colaboró en Jazz Latino:

Deborah Macanic, Project Director
Evelyn Figueroa, Project Director
Secundra Beasley, Publications & Educational Resources Manager
Josette Cole, Registrar
Anabeth Guthrie, Media Relations Manager
Tonya Jordan, Program Manager, America's Jazz Heritage (AJH)
Andrea Stevens, Director of External Relations
Michelle Torres-Carmona, Senior Scheduling & Exhibitor Relations Coordinator
Laurie Trippett, Exhibition Manager

Smithsonian Institution/Institución Smithsonian
Joanna Champagne, Smithsonian Jazz Webmaster
Marvette Pérez, Curator, Latino History, National Museum of American History
Rosemary Regan, Editor, Office of Exhibits Central
Katea Stitt, Jazz Oral History Program Coordinator

Latin Jazz Advisory Committee/Comité Consultivo para Jazz Latino
Leonardo Acosta, musician and journalist
James Early, Director, Cultural Heritage Policy, Center for Folklife and Cultural Heritage, Smithsonian Institution
Dale Fitzgerald, cultural anthropologist, Executive Director, The Jazz Gallery
Juan Flores, professor of sociology, CUNY, Hunter College
Ira Gitler, journalist, author, and jazz historian, Manhattan School of Music
Andy González, musician
Giovanni Hidalgo, Latin jazz percussionist
Suzan Jenkins, AJH consultant
Willard Jenkins, journalist, producer, and artistic director, Tri-C Jazz Fest
Isabelle Leymarie, ethnomusicologist
Rene Lopez, music collector and producer
Danilo Lozano, musician and professor of music, Whittier College
Bruce Lundvall, president, Jazz/Classics Capitol Blue Note Records
Max Salazar, journalist and historian of Afro-Cuban jazz
John Santos, musician, educator, and Latin jazz percussionist
Vicki Solá, journalist, radio host, and producer of "Que Viva La Música"
Chucho Valdés, musician and president of the Festival Jazz Plaza

Special thanks are extended to:/ Un agradecimiento especial a:

Arthe Anthony
José Antonio Asseff
Paul Austerlitz
Ray Avery
Cristóbal Díaz Ayala
Rafael Bassi
Lourdes Bauza
Anthony Brown
The Humberto Cané Family
David Carp
Héctor Corporán
Alfredo Cruz
Frank Driggs
Matthew Dubuque
Nancy Page Fernández
Remigio Fernández
Calvin Fortenberry
Radamés Giro
David Gracia
Lawrence Gushee
Katherine Hagedorn
Elizabeth Hayslett
Mark Holston
Charles E. Kinzer
John Koel
Roque Morán
Phil Pastras
Bruce Polin
Daniel Ramírez
José Rizo
Ira Sabin
Bobby Sanabria
Izzy Sanabria
Lionel "Chico" Sesma
Susan Sillins
Michael Spiro
Sherrie Tucker
Chuy Varela
Matt Watson
Howard Young

Centro de Estudios Puertorriqueños, CUNY, Hunter College
Cuban Interest Section, Washington, D.C.
Historic New Orleans Collection
Hogan Jazz Archive, Tulane University
Institute of Jazz Studies, Rutgers University
The Library of Congress
New School for Social Research, Mannes School of Jazz and Contemporary Music
The Schomberg Center for Research in Black Culture, New York Public Library
Smithsonian Center for Latino Initiatives
Smithsonian National Museum of American History, Cultural History Division

AFTERWORD Al McKibbon

The reason Latin jazz became popular over the years is because, as ballrooms began to disappear, straight-jazz musicians got into concertizing. When you play something as complicated as bebop, there are few people who understand what you are doing. I think some modern musicians got away from the main thrust of jazz, which was to play for the people. Then Afro-Cuban or Latin jazz came along. It was more of an ensemble sound, and it was for dancing. Musically, Latin jazz brought things closer to the people.

My hometown is Detroit, Michigan, and as a young man I was always interested in drums played by hand. There was none in Detroit of any kind. The only "African" drums I heard were on *Tarzan* movies, which I knew was just a bunch of noise and pretense: most of the "natives" on those movies were from Central Avenue in Los Angeles. Then I moved to New York where there were conga drums all over, in the neighborhoods. In fact, I lived on 112th Street, and on 116th Street there was a man who had a bakery and who also sold conga drums. They were just hanging from the ceiling. I was enchanted because I had never seen one up close.

I began to hear Latin music being played on the radio. When I played on 52nd Street with the bebop movement—and then at the Royal Roost, at Bop City, and at Birdland—I had the chance to hear Machito, the Morales Brothers band, and Tito Puente, and they all hypnotized me.

I was interested in everything black, and there was a lot happening right in Harlem, including politics, and all the music and singing. It fed my desire to learn more and more about Africa and black culture. I began to feel that the Cubans were as close as you could come to African culture because they still practiced the roots of our music. In fact, they were still playing it.

In the early 1940s I saw Machito for the first time. I used to call him the Latin Count Basie, because his approach to the music was different than most of the other Latin groups at that time. Machito and the Afro-Cubans didn't stick strictly to the traditional Cuban sound. It was more like "Latin" jazz; it really caught my ear. They had good bass lines. René Hernández wrote some great music for the band. Mario Bauzá—having played with a lot of swing bands—had the group feeling the music more like American jazz than like Cuban sounds.

EPÍLOGO Al McKibbon

El jazz latino se popularizó a través de los años porque, a medida que los salones de baile empezaron a desaparecer, los músicos de jazz puro se dedicaron a la música de concierto. Cuando se toca algo tan complicado como el bebop, muy pocas personas lo entienden. Creo que algunos músicos modernos se alejaron del impulso primordial del jazz, que era tocar para la gente. Luego vino el jazz afrocubano o latino. Se trataba de un sonido de conjunto y era para bailar. Musicalmente, el jazz latino representó un acercamiento a la gente.

Mi ciudad natal es Detroit, Michigan, y cuando era joven siempre tuve un interés por los tambores que se pudieran tocar con las manos. En Detroit no había de ningún tipo. Los únicos tambores "africanos" que había escuchado eran los de las películas de Tarzán, que sabía que eran pura farsa y ruido: la mayoría de los "nativos" de esas películas provenían de Central Avenue en Los Ángeles. Luego me trasladé a Nueva York donde había congas por todos lados, en los barrios. Cuando vivía en la calle 112, en la calle 116 había un hombre que tenía una panadería y también vendía congas. Estaban simplemente colgadas del techo. Yo estaba encantado pues nunca había visto una de cerca.

Empecé a escuchar la música latina que tocaban en el radio. Cuando toqué en la calle 52 con el movimiento bebop—y luego en el Royal Roost, en Bop City y en el Birdland—tuve la oportunidad de escuchar a Machito, el grupo de los Morales Brothers y a Tito Puente, y todos ellos me hipnotizaron.

Me interesaba todo lo negro y había mucho sucediendo en pleno Harlem, incluyendo la política y toda la música y el canto. Eso alimentó mi deseo de aprender más y más sobre África y la cultura negra. Empecé a sentir que los cubanos estaban tan cerca como era posible de la cultura africana porque todavía practicaban las raíces de nuestra música. En realidad, todavía la tocaban.

A principios de los años cuarenta vi a Machito por primera vez. Solía llamarlo el "Count Basie latino", porque su enfoque a la música era diferente al de la mayoría de los grupos latinos del momento. Machito and the Afro-Cubans no se apegaban exclusivamente al sonido cubano tradicional. Era más como un jazz "latino" y me llamó mucho la atención. Tenían buenas líneas de contrabajo. René Hernández escribió buena música muy buena para el grupo. Mario Bauzá—quien había tocado con muchas orquestas de swing—hizo que el grupo sintiera la música más como jazz estadounidense que como un sonido cubano.

left: In a rare photo, Tito Puente (center) plays saxophone, with Bobby Rodriguez on bass, at the Hollywood Palladium.

izquierda: En una foto inusual, Tito Puente (al centro) toca el saxofón, con Bobby Rodriguez en el contrabajo, en el Hollywood Palladium.

page 144: Chucho Valdés in New York City, 2000.

página 144: Chucho Valdés en la ciudad de Nueva York, 2000.

Later, I learned a lot from Chano Pozo in his short stay on this earth. It was a complete education: besides being able to watch his virtuoso drumming, I was given some insight into the Santería and *abakuá* traditions. He would play a rhythm and say, this is *arará,* or this is *abakuá.* I was intrigued, fascinated in fact. I learned about people and things that I had never before imagined. Some of the guys in the band used to accuse me of wanting to become Cuban. I'd say, "No, man, I don't want to become Cuban, this is black." There was a lot to learn from Chano about being black.

When I was playing with George Shearing in the 1950s, and we recorded the top-selling album *Latin Escapade,* I always remembered what I had learned from Chano and Machito. Later I joined the band of Cal Tjader, who "got the itch" when he saw Tito Puente's band and all those fiery Latin moves on the dance floor. At the time, I don't know how the other band members Mongo Santamaría and Willie Bobo felt, but I know that Cal and I didn't feel that we were "authentic" enough to really influence anyone toward Latin music. I found out in later years that everybody was listening to us.

In the past, some musicians were not interested in playing this Latin music because, harmonically, most of it was not as advanced as some American jazz. But rhythmically I am sure it is more advanced than jazz. Anything that rhythmic interests me. I am going to find out what it's about, and play it, if I can.

There are new big developments in Latin jazz. Contemporary Latin jazz bands are becoming more harmonically complex, and virtuosos are coming up on every instrument. I think that we are seeing merely the beginning of what it's going to be like.

Más tarde, aprendí mucho de Chano Pozo durante su breve estancia en esta Tierra. Fue una formación completa: además de poder observar su técnica de virtuoso en los tambores, llegué a comprender algo de las tradiciones de la santería y el *abakuá.* Tocaba un ritmo y decía, esto es *arará,* o esto es *abakuá.* Yo estaba intrigado, más bien fascinado. Aprendí sobre gente y cosas que nunca había imaginado antes. Algunos de los muchachos del grupo decían que yo me quería convertir en cubano. Yo les decía, "No, hombre, no es que quiera ser cubano, se trata de ser negro". Había mucho que aprender de Chano sobre ser negro.

Cuando tocaba con George Shearing en los años cincuenta y grabamos el álbum de gran venta *Latin Escapade,* siempre recordaba lo que había aprendido de Chano y Machito. Después me integré al grupo de Cal Tjader, a quien "le picó el gusanito" icuando vio al grupo de Tito Puente y esa fogosa manera latina de moverse en la pista de baile. En ese entonces, no sé cómo se sentirían los otros miembros del grupo, Mongo Santamaría y Willie Bobo, pero sé que Cal y yo no nos sentíamos lo suficientemente "auténticos" como para realmente influenciar a nadie hacia la música latina. Años más tarde me enteré de que todo el mundo nos había estado escuchando.

En el pasado, algunos músicos no tenían mucho interés en tocar esta música latina porque, armónicamente, en su mayoría no estaba tan avanzada como algunos tipos de jazz estadounidense. Pero rítmicamente estoy seguro de que ésta es más avanzada que el jazz. Cualquier cosa así de rítmica me interesa. Voy a ennterarme de qué se trata y a tocarla, si puedo.

Hay grandes desarrollos nuevos en el jazz latino. Los grupos de jazz latino contemporáneos se están volviendo más complejos armónicamente y además están surgiendo virtuosos para cada instrumento. Creo que estamos viendo sólo el principio de lo que está por venir.